자폐 스펙트럼 - 장애와 비장애 사이,
어떻게 인식하고 어떻게 지원할까

JIHEISHO SPECTRUM by Hideo Honda
Copyright © 2013 Hideo Honda
All rights reserved.
Original Japanese edition published by SB Creative Corp.
Korean translation rights arranged with SB Creative Corp.
through Tony International

Korean translation copyright © 2022 by MagoBooks

이 책의 한국어판 저작권은 토니 인터내셔널을 통해 SB Corp.와 독점 계약한 마고북스에 있습니다. 저작권법에 의해 한국 내에서 보호를 받는 저작물이므로 무단 전재와 복제를 금합니다.

자폐 스펙트럼 – 장애와 비장애 사이,
어떻게 인식하고 어떻게 지원할까

혼다 히데오 지음
이윤정 옮김

마고북스

차례

제1장 당신도 '자폐 스펙트럼'일지 모른다

'자폐 스펙트럼'을 알고 있습니까? … 12
'전반적 발달 장애'에서 '자폐 스펙트럼'으로 … 15
결코 남의 일이 아닌 자폐 스펙트럼 … 17
평범하게 사회생활하는 자폐 스펙트럼인들 … 19
다양한 유형들 … 21

제2장 특징으로 이해하는 자폐 스펙트럼

1. 공통적 특징 ① 임기응변적 대인 관계가 서툴다 … 24
   영아기~유아기 전반 … 25
   영유아기 후반~학령기 … 28
   대인 행동의 특징은 사춘기 이후에도 계속된다 … 31
   특징적인 대인 행동의 심리적 메커니즘 … 32
   더욱 미묘하게 어긋나는 의사소통 … 34

2. 공통적 특징 ② '집착'이 강하다 … 37
   인지가 발달하면 집착도 강해진다 … 38
   집착 보존의 법칙 … 40
   집착을 활용하자! … 41
   집착의 심리적 메커니즘 … 42

대인 관계와 '루빈의 꽃병'	43
대인 관계에 집착하는 경우도 있다	45
3. 그 외에 나타나는 특징	47
감각 이상	47
구체적이고 명확한 정보에 대한 강한 지향성	49
운동을 잘하지 못한다	50
일단 외운 것은 잘 잊어버리지 않는다	51
상대적 관계를 이해하기가 어렵다	53
4. 병존하기 쉬운 정신적·신경적 문제	56
지적 장애	56
학습 장애(LD)	57
주의력 결핍 과잉행동 장애(ADHD)	59
수면 이상	60
뇌전증	61
5. 발생하기 쉬운 2차적 문제	62
괴롭힘 피해	62
등교 기피, 등교 거부	63
은둔형 외톨이	63
신체적 증상	64
틱 증상	64

우울증	64
적응 장애	65
불안	65
강박성 장애	65
외상 후 스트레스 장애(PTSD)	66
피해 의식	66

제3장 선 긋기 어려운 자폐 스펙트럼의 경계

1. 장애인가, 개성인가?	70
'자폐 스펙트럼'과 '자폐 스펙트럼 장애'	70
행정 용어로서의 '장애'	73
'비장애 자폐 스펙트럼'	76
스트레스를 받기 쉬운 자폐 스펙트럼인들	79
자서전을 쓰지 않는 사람들만이 알려 주는 진실	81
조기 발견 후 성인기까지 지원을 받은 E 씨	84
2. 자폐 스펙트럼은 어느 정도 존재할까?	87
'아동기 자폐증'의 발견	87
'자폐증'에서 '자폐 스펙트럼'으로	89
경계선을 그을 수 있을까?	91
자폐 특징의 강도는 연속적으로 분포	92
자폐 스펙트럼인은 잠재적으로 10%는 존재한다	94

제4장 자폐 스펙트럼인을 어떻게 지원할 것인가

1. 특유의 발달 유형에 맞춘 지원 … 100
   - 자폐 스펙트럼은 특유의 발달 유형을 가진 종족 … 100
   - 어른이 되면 평균 기준에 들어맞는 경우도 있다 … 102
   - 가르치면 할 수 있는 것과 가르쳐도 못하는 것 … 106
   - 낮은 눈높이 육아론 … 109
   - 낮은 눈높이식 목표 설정 방법 … 111
   - '자율 스킬'과 '소셜 스킬' … 115
   - 장애의 유무나 정도를 좌우하는 것은 '일상생활 능력' … 118
   - 생애 단계에 맞춘 지원: 열쇠는 사춘기에 있다! … 121

2. 사춘기 이전의 지원 … 124
   - 지원의 원칙 … 124
   - 조기 발견 … 127
   - 부모의 인식과 진단 고지 … 130
   - '조기 치료'의 함정 … 133
   - IQ가 향상되어도 자폐증이 낫는 것은 아니다 … 135
   - 유아기부터 시작하는 '자율 스킬'과 '소셜 스킬' … 138
   - '합의'를 가르치자 … 139
   - '구조화'는 합의의 시작 … 141
   - 사춘기까지 익혀 두었으면 하는 것 … 145
   - 취약한 영역 극복 목적이라도 지나친 훈련은 금물 … 148

게임에 대한 생각	149
3. 사춘기 이후의 지원	151
지원하의 시행착오	151
사춘기 이후 부모의 역할은 '그림자 도우미'	154
목표를 가지고, 자신감 있는 밝은 성격을 지향하자	156
진로 선택의 기준	158
고등 교육	162
취업을 둘러싼 문제	164
사회에 나온 후에 드러나는 사람들	166
4. 병존하는 문제와 2차적 문제에 대한 대응	169
병존하는 문제에 대한 대응	169
2차적 문제에 대한 대응	171
5. 사회 참여를 위한 구조 만들기	174
인클루전	175
자폐 스펙트럼 아동들의 인클루전 교육이란?	177
학교 교육의 구조적 문제	179
장애를 배려하는 방법은 3가지가 있다	182
직장에서의 인클루전	185
자폐 스펙트럼인들의 활동 거점 만들기	188
주위 사람들이 자폐 스펙트럼인을 대하는 법	192

제5장 자신이 자폐 스펙트럼일지도 모른다고 생각했다면…

해 두어야 할 일   198
자폐 스펙트럼 장애라면   200
비장애 자폐 스펙트럼의 경우   203

맺음말   205
옮기고 나서   210
참고문헌   218

제1장
당신도 '자폐 스펙트럼'일지 모른다

제1장
당신도 '자폐 스펙트럼'일지 모른다

'자폐 스펙트럼'을 알고 있습니까?

이 책은 일반인들에게 **자폐 스펙트럼**에 대하여 널리 알리고자 하는 목적으로 썼습니다. 하지만 단순히 기존 정보를 정리하기만 한 안내서는 아닙니다. '자폐 스펙트럼'에 대해 실감하고 깊이 이해하여 생활에 활용할 수 있는 지식과 지혜를 익히도록 했습니다.

'"자폐 스펙트럼"이란 말은 들어 본 적이 없다'는 사람들, 혹은 '나와는 관계없다'고 생각하는 분들이야말로 꼭 이 책을 읽어 주셨으면 합니다. 우연히 서점에서 이 책을 집어 든 분은 일단 1장만이라도 읽어 주십시오. 직장이나 학교 등, 여러분 주위에도 자폐 스펙트럼에 속한 사람이 반드시 몇 명쯤은 있다는 사실을 깨닫게 될 것입니다. 혹은 여러분 자신이 그럴지도 모릅니다.

이 책을 읽어 보려는 분들 가운데에는 자녀의 발달과 관련하여 걱정되는 어떤 무엇을 느끼는 부모님, 신경 쓰이는 특징을 가진 학생을 담당하고 있는 학교의 선생님, 발달 장애에 관심이 있는 대학생, 또는 어쩌면 자신이 발달 장애가 아닌지 걱정하는 사람 등 전부터 '발달' 또는 발달 장애에 관심이 있었던 분도 많을 것이라고 생각합니다. 이 경우에는 이미 책이나 인터넷 등에서 '발달 장애'나 '자폐 스펙트럼 장애' 등에 대해 조사해 본 분들이 많을 것입니다.

그런 분들도 꼭 이 책을 읽어 주십시오. 지금까지 알아본 정보로는 감이 잡히지 않는다, 이미지가 떠오르지 않는다, 용어가 어려워서 이해를 못 하겠다, 등의 인상을 가졌던 분도 이 책을 읽고 '자폐 스펙트럼'에 대해 지금까지와는 다른 시각을 가지게 될 것입니다.

이 책의 주제인 '자폐 스펙트럼'이란 일부 사람들에게 공통적으로 나타나는 심리적·행동적 특성입니다. 그 특성을 아주 간단하게 요약하면, '임기응변적인 대인 관계가 서툴고, 자신의 관심과 방식 및 진행 속도의 유지를 가장 우선시하고자 하는 본능적 지향이 강한 것'이라고 할 수 있습니다.

지금 '일부 사람들'이라고 썼지만, 이런 특성을 조금이라도 가진 사람은 일부가 아니라 상당히 많이 있다는 의견이 제기될 것 같습니다.

맞습니다. 자폐 스펙트럼에 속한 사람들은 사실 그리 드문 존재는 아닙니다. 저는 1988년 정신과 의사로서 연수를 받기 시작했습니다. 인연이 있어서 연수 1년차부터 아스퍼거 증후군(자폐 스펙트럼의 일종. 3장 참조)을 가진 사람과 만날 기회가 있었습니다. 아직 정신과 의사조차 대다수가 '아스퍼거 증후군'이라는 용어를 접하지 못하던 시대였습니다.

큰 관심을 가졌던 저는 1991년부터 요코하마에서 본격적으로 발달 장애를 전문으로 하는 임상에 매진했습니다. 제가 근무했던 요코하마 시 종합 재활 센터에서는 발달이 걱정되는 지역 거주 아이들의 정기적 진료와 상담을 단독으로 도맡고 있었습니다. 많은 아이들이 이곳에서 취학 전부터 지원을 받고 성인기까지 상담을 지속했습니다.

저는 여기서 약 20년간 임상 경험을 쌓으면서 발달이 걱정되는 아동들 각 개인을 유아기부터 성인기까지 지속적으로 관찰할 수 있었습니다. 이런 임상 경험을 쌓은 정신과 의사는 일본에서, 또한 세계적으로 보아도 아직 극소수입니다.

이 귀중한 경험에 기초하여 제가 익힌 지식이나 지혜는 기존의 발달 장애 관련 책에서 볼 수 있는 정보와 같은 부분도 많지만 군데군데 다른 부분도 있습니다. 그중에서 가장 두드러지는 것이 '"자폐 스펙트럼"의 범주를 어디까지 확장시킬 것인가, 어디까지 포함시킬 것인가'에 대한 입장입니다.

저는 현재의 평균적인 정신과 의사와 비교하면 '자폐 스펙트럼'을 상당히 넓은 범위까지 포함해서 파악하고 있습니다. 3장에서 자세히 설명하겠지만, 그런 관점을 취하게 된 것은 발달 장애 아동한 사람 한 사람을 지역에서 장기간에 걸쳐 지속적으로 진료한 결과입니다. 이처럼 넓게 파악할 때 '자폐 스펙트럼'은 전체 인구 중 10%는 존재한다고 생각됩니다. 지금 그것을 뒷받침하는 데이터가 서서히 나오기 시작했습니다.

'전반적 발달 장애'에서 '자폐 스펙트럼'으로

일본에서는 21세기 들어서부터 발달 장애에 관한 책이 많이 출판되고 있습니다. '자폐 스펙트럼'이란, 발달 장애라는 큰 테두리 안에서 거론되어 온 것들 중에서 '자폐증', '고기능 자폐증', '아스퍼거 증후군' 등 비슷한 유형들을 통틀어 일컫는 용어입니다. 이 유형들은 지금까지 정식으로는 '전반적 발달 장애'라는 분류명으로 불렸으나 최근 들어 '자폐 스펙트럼'이라고 부르도록 권하는 전문가가 서서히 늘고 있습니다.

전세계 정신과 의사가 공통된 척도로 사용하고 있는 국제적 진단 분류 중 하나로, 미국 정신 의학 협회가 출판하는 〈정신 질환 진단 및 통계 편람〉(DSM-5, 2013년)이 있습니다. 거기에서 '전반적 발달 장애'라는 진단명이 폐지되고 '자폐 스펙트럼 장애'가 처음으로 진단명으로 채택되었습니다. 정식으로 국제 진단 분류에서도 채택됨으로써 앞으로 이 진단명이 보다 널리 알려지게 될 것입니다 (이 책이 나온 2013년 DSM-5가 간행되었고 현재까지 진단 분류의 기준이 되고 있다 – 옮긴이). 나아가 이 분야 전문가들은 '자폐 스펙트럼 장애'

뿐만 아니라 '자폐 스펙트럼'이라는 용어도 사용합니다. 이 양자의 관계에 대해 이 책에서는 3장에서 자세히 설명하고 있습니다만, 자폐 스펙트럼 가운데는 꼭 장애로 볼 필요가 없는 사람들도 포함됩니다.

'전반적 발달 장애'나 '발달 장애'라는 개념에서는 대상으로 삼지 않았던, 장애는 아닌 유형의 사람들까지 포함해서 생각한다는 점이 '자폐 스펙트럼'이라는 개념의 특징입니다. 이러한 사고방식이 가능해짐으로써 기존의 발달 장애에 대한 인식은 크게 달라지리라 생각합니다.

발달 장애와 관련하여 유아기, 학령기, 사춘기, 성인기라는 각 생애 단계마다 당사자의 생활상 어려움이나 주위 사람들의 고민이 거론됩니다. 하지만 전문가들은 대체로 그 사람들이 가장 힘들어하는 시기, 그것도 한정된 기간에만 개입합니다. 전문가 자신이 관여하기 전의 시기에 관한 정보는 전달받은 것을 통해서만 알 수 있을 뿐입니다. 또한 전문가가 그 시점에서 어떤 판단을 하더라도, 그 판단이 몇 년 뒤에 어떤 결과로 이어지는지 스스로의 눈으로 직접 확인할 수 있는 기회는 많지 않습니다.

지금 필요한 것은 유아기에서 성인기에 이르기까지 시간의 경과와 함께 일상적 어려움을 겪는 당사자가 어떻게 성장하고, 문제와 고민이 어떻게 변화해 가는지, 그리고 적절한 지원을 받으면 어떻게 변화하는지에 대해 장기적 시점에서 관찰해 온 전문가가 그 경험을 알기 쉽게 전하는 것이라고 생각합니다. 그럼으로써 '자폐 스펙트럼'에 대해 새로운 시야가 펼쳐지게 될 것이기 때문입니다.

아직 낯선 용어라고 느낄 독자분들도 많을 것 같습니다만, 이 책을 통해서 여러분이 '자폐 스펙트럼'에 대한 이해를 심화시키고 그 지식과 지혜를 일상생활에 활용해 주셨으면 합니다.

결코 남의 일이 아닌 자폐 스펙트럼

여기 두 사람의 인물 이미지를 묘사해 보겠습니다. 여러분의 주위에도 이런 사람이 있지 않습니까?

A 씨는 36세 남성입니다. 대학 공학부를 졸업하고 전기 제품 회사에 취직했습니다. 성실한 성격으로, 주어진 일은 기한 내로 확실하게 해 냅니다. 본인은 사교성이 별로 좋지 못하다고 여기고 있으나, 회사 동료들이 권하면 술자리에 참석하는 것은 그리 힘들지 않습니다. 취하면 일장연설을 늘어놓는데, 좀 장황하게 따지는 경향이 있어서 젊은 여성 직원들은 싫어하는 경향이 있습니다(다만, 남이 싫어한다는 것을 본인은 모릅니다).

대학 자원봉사 서클에서 함께 활동했던 동기 여학생과 28세에 결혼하여 현재 다섯 살과 세 살짜리 자녀가 있습니다. 아이를 귀여워하긴 하지만 아직 아이가 어린데도 장난을 치거나 버릇없는 행동을 한다고 진짜로 화를 내기도 합니다. '식사는 온 가족이 모여서 한다'는 신조를 갖고 있지만 그렇다고 식사를 하면서 대화가 활발하지는 않습니다. 오히려 식사 중에 텔레비전이 켜져 있으면 어느새 빠져들어서 아내가 말을 걸어도 귓등으로 흘려듣습니다. 그러면서도 자기가 말을 걸었을 때 아내가 눈치 채지 못하면 정색을 하고는 알아차릴 때까지 큰 소리로 계속 반복해서 말을 겁니다.

학생 시절부터 오디오 마니아였고, 20년간 빼놓지 않고 구독한 특정 오디오 잡지를 한 권도 버리지 않고 소중하게 보관하고 있습니다.

B 씨는 28세 여성입니다. 중학교 때까지는 조용하고 눈에 띄지 않는 아이였습니다. 사춘기 여자아이들이 무리 지어 항상 함께 행동하는 것이 자기 성격에는 맞지 않는다고 느꼈습니다. 친한 친구는 있었지만, 바깥에서 모임을 가질 때 다른 여학생들이 도중에 만나서 모임 장소까지 함께 가는 것을 불합리하다고 생각하여 언제나 혼자 목적지에서 합류했습니다.

고등학교 때 어느 작가가 그린 만화의 팬이 되어, 그 작가의 만화는 전부 사 모았습니다. 팬클럽 행사 등에도 열심히 참가하게 되었습니다. 그 작가의 팬이 운영하는 인터넷 사이트, 블로그, 트위터 등 사회관계망 서비스(SNS)에 매일 열중하고, 그것들을 통한 지인이 몇 명쯤 생겼습니다.

고향의 대학을 졸업하고 부모님이 아는 분의 소개로 작은 회사에서 사무를 보고 있습니다. 일은 꼼꼼하게 해 내기 때문에 신뢰받고 있습니다.

어떻습니까? A 씨, B 씨와 같은 사람들은 결코 드문 유형은 아닙니다. 여러분의 지인 가운데에도 틀림없이 있지 않을까 생각합니다. 혹은 본인과 겹치는 부분이 적지 않게 있다고 느끼는 분도 있지 않을까요.

실은 A 씨와 B 씨 모두 '자폐 스펙트럼'의 특징을 가지고 있습니다. "잠깐만요!" 하고 외치는 소리가 들려올 것 같습니다. '자폐증'이라면 무거운 장애라고 들은 적이 있지만 이처럼 어디든지 있을

법한 사람들을 경솔하게 '자폐증'이라고 해도 되는가? 하고 느끼는 분이 있어도 이상하지 않다고 생각합니다.

예전에 자폐증은 드물게 나타나는 무거운 장애라고 생각되었던 것이 사실입니다. 그러나 1970년대 후반 이후, 전형적인 중증 자폐증은 아니지만 그 특성을 보이는 사람들도 자폐증 그룹에 포함시키려는 관점이 전문가들 사이에서 서서히 퍼졌습니다. 그리고 전문가들 사이에서는 아주 조금이라도 자폐증 특성이 나타나는 상태부터 전형적 자폐증에 이르기까지 폭넓게 포함시킨 그룹을 '자폐 스펙트럼'이라고 부르는 것이 일반화되었습니다.

그런 사고방식의 확산과 더불어, 자폐 스펙트럼인들이 결코 드문 존재가 아니라는 것이 밝혀지게 되었습니다. 일본에서도 21세기에 들어서부터 의료, 보건, 복지, 교육, 노동 등 다양한 영역에서 '자폐 스펙트럼'이라는 말이 확산되고 있습니다.

평범하게 사회생활하는 자폐 스펙트럼인들

자폐 스펙트럼인들에게 공통된 특성은 '임기응변적인 대인 관계가 서툴고, 자신의 관심과 방식 및 진행 속도의 유지를 가장 우선시하고자 하는 본능적 지향이 강하다는 점'입니다. 이런 특성을 지닌 사람들은 평범하게 사회생활을 하고 있는 사람들 가운데에도 있습니다.

A 씨와 B 씨는 그 대표적 예입니다. 자폐 스펙트럼인들이 주로 다른 사람에게 어떻게 보이는가 하는 시점에서 묘사한 것이 A 씨

의 예입니다. 한편, 이런 유형의 사람이 어떻게 생각하고 느끼는가 하는 시점에 더 비중을 두어 묘사한 것이 B 씨의 예입니다.

우선 '임기응변적인 대인 관계가 서툴다'는 특성부터 개별적으로 살펴봅시다.

A 씨의 경우 '따지기를 좋아하는' 것도 그런 특성이지만, 더욱이 이치를 따지고 드는 자신의 사고방식이 회식 자리 등 상황에 따라서는 다른 사람에게 불쾌감을 주기 쉽다는 것을 깨닫지 못합니다. 어린아이의 사소한 장난이나 버릇없는 행동에 대해 정색하고 화를 내는 부분도, 상대에 따라 그에 맞는 행동을 임기응변으로 조절하는 것이 서툴다는 표시입니다.

텔레비전 시청에 빠지면 다른 사람이 불러도 대답하지 못하는 것과, 반대로 다른 사람이 자신의 부름에 대답하지 않을 때 집요하게 계속 불러대는 것의 대비도 특징적입니다. A 씨의 경우는 임기응변적인 대인 관계가 서툴다는 것이 다른 사람의 눈에도 분명히 보이지만 본인은 그 사실을 모를 수도 있습니다.

한편, B 씨의 경우 조용하고 눈에 띄지 않기 때문에 임기응변적 대인 관계가 서툴다는 점에 대해 남들은 눈치 채기 어려울지도 모릅니다. 하지만 다수의 여성들 입장에서는 '사람을 잘 사귀지 못한다', '좀 특이하다' 등의 인상을 받게 될지도 모릅니다.

얼굴을 서로 마주하고 사람을 사귀기보다 임기응변적으로 대처할 필요가 없는 인터넷 등을 통한 소통에 더 뛰어난 것도 자폐 스펙트럼으로 판단되는 부분이라고 할 수 있습니다.

다음으로, '자신의 관심과 방식, 진행 속도의 유지를 가장 우선시하고자 하는 본능적 지향이 강하다'는 특성을 살펴봅시다.

A 씨의 경우는 '따지기를 좋아한다'(논리적인 이야기를 선호하는 본인의 관심사와 방식을 최우선으로 두려고 한다), '식사는 온 가족이 모여서 한다는 신조'(자기가 정한 방식을 최우선으로 두려고 한다), '식사 중 텔레비전에 어느새 몰두한다'(관심 있는 것을 본능적으로 최우선으로 두려고 한다), '아내가 듣지 않으면 큰 소리로 몇 번이고 되풀이하여 불러댄다'(자기 위주의 진행을 최우선으로 두려고 한다), '오디오 마니아로 잡지를 빼놓지 않고 사 모은다'(자기 관심사를 최우선으로 두려고 한다) 등의 사례로 특성이 표현됩니다.

한편, B 씨도 '특정 작가의 만화에 열중한다', '인터넷과 SNS에 열중한다'는 일화는 자기 관심사를 최우선시 하는 것에 해당하지만, 그보다는 '여자아이들이 언제나 무리 지어 행동하는 것이 자신과 맞지 않는다고 느낀다', '모이기로 한 장소로 직접 가기 전에 별도의 장소에서 친한 친구들끼리 모여서 가는 것은 불합리하다고 생각한다'는 사례처럼, 많은 사람들이 '즐겁다'거나 '좋다'고 생각하는 것이 자신의 우선 순위 사항과 다르기 때문에 맞지 않는다고 느낀다는 특징이 있습니다.

다양한 유형들

이해가 되셨는지요?

A 씨처럼 어떤 상황의 미묘한 분위기를 파악하는 데 서툴고, 성

실하긴 하지만 자기만의 독특한 방식을 고수하려는 성향이 두드러지는 사람은 여러분 주위에도 상당수 존재하지 않나요? 혹은 여러분 자신이 이제까지의 인생에서 B 씨와 같이 어딘지 주위와 맞지 않는다고 느끼며 생활해 온 것은 아닌지요?

이런 특성이 있기 때문에 순탄한 사회생활이 어려워지는 사람도 많습니다. 상상해 보십시오. 다른 사람의 대화에 마구잡이로 끼어드는 사람, 공공장소에서 혼잣말을 하는 사람, 긴급 뉴스로 인해 원래 예정되었던 방송 프로그램을 볼 수 없게 되었다고 분노발작을 일으키는 사람…. 이런 사람들에 대해 친구로 가깝게 사귀기가 꺼려진다고 느끼는 사람은 유감스럽지만 적지 않다고 봅니다.

반대로, 본인의 입장에서 생각해 봅시다. 많은 사람이 알아듣는 이야기를 자기 혼자 이해를 못 합니다. 모두가 재미있어 하는 이야기가 자신은 아무리 해도 재미있게 느껴지지 않습니다. 자신이 흥미를 가지고 있는 것에 대해 이야기하기 시작하면 왜 그런지 다들 반응이 없습니다. 이런 체험이 날마다 계속되면 사람을 사귀는 것이 싫어지고 맙니다.

지금, 자폐 스펙트럼인들 가운데 이런 상황에 놓여 있고, 일상적 어려움을 느끼는 사람들이 많이 있습니다.

자폐 스펙트럼의 특성은 다양한 형태를 띠면서 영유아기부터 성인기까지의 전체 시기에 나타납니다. 다음 장에서는 자폐 스펙트럼의 개별 특성에 대하여 구체적인 예를 들면서 소개하겠습니다.

제2장
특징으로 이해하는 자폐 스펙트럼

제2장
특징으로 이해하는 자폐 스펙트럼

　모든 자폐 스펙트럼인들에게 공통적으로 나타나는 특징은 '임기응변적인 대인 관계가 서툴다는 것'과 '자신의 관심, 방식, 진행 속도 유지를 가장 우선에 두려는 본능적 지향이 강하다는 것'입니다.

1. 공통적 특징 ① 임기응변적 대인 관계가 서툴다

　자폐 스펙트럼인들은 임기응변적인 대인 관계에 서툽니다. 본인 스스로도 그렇게 느끼고 주위 사람들에게도 그렇게 보이는 경우가 많지만, 개중에는 본인은 잘하는 것 같은데 주위 사람들은 그렇지 않다고 보는 경우가 있고, 그와 반대로 본인은 잘 못한다고 고민하지만 주위 사람들은 눈치채지 못하는 경우도 있습니다. 이 특징은 자세히 살펴보면 영유아기 때부터 명확해집니다.

영아기~유아기 전반

예전부터 알려져 있는 전형적 자폐증 아동들은 영아기 때부터 대인 행동에서 이상이 감지되는 경우도 있습니다. 아이를 안아도 폭 안기는 자세가 되지 못하고, 조용하고 별로 울지 않는(이 때문에 "아기 때는 키우기 쉬웠어요"라고 말하는 부모님도 있습니다) 등의 사례를 흔히 듣게 됩니다. 다만, 영아기 때의 이런 일화는 나중에 자폐 스펙트럼이라고 진단받은 사람들의 부모님들이 과거를 회상해서 하는 진술이며, 객관성이 보장되지는 않는다는 사실에 주의해야 합니다.

또한, 영아기에 이런 모습을 보이는 아기들 가운데 어느 정도의 비율이 나중에 자폐 스펙트럼으로 진단받는지는 알려져 있지 않습니다. 반대로, 자폐 스펙트럼인들 중에서 영아기에 이런 모습을 보이지 않았던 사람들도 많이 있습니다.

아이들이 다양한 모습으로 활발하게 대인 행동을 하게 되는 한 살 반 무렵부터 자폐 스펙트럼 아동들의 대인 행동의 특징은 서서히 명확해집니다. 전형적 자폐증에서는 발화가 늦게 시작되는 점, 말이 좀처럼 늘지 않는 점으로 판단하는 경우가 많습니다.

그 가운데 18개월 무렵까지는 어느 정도 말이 나와서 몇 개월간은 말을 했는데 한 살 반~한 살 후반 무렵부터 갑자기 하던 말을 하지 않게 되었다는 경우도 있습니다. 이것은 '오레센 현상'(折れ線現象, setback현상이라고도 하며 국내에서는 퇴행이라는 용어를 사용하고 있다. 예전에는 자폐성 퇴행과 관련하여 '아동기 붕괴성 장애'라는 진단명

이 있었으나 DSM-5에서 자폐 스펙트럼으로 통합되었고 퇴행의 양상도 다양하다는 것이 알려졌다. 이에 관한 자세한 내용은 '옮기고 나서'를 참조 - 옮긴이)이라고 불리는 것으로, 이 현상이 나타나면 거의 틀림없이 자폐 스펙트럼으로 진단할 수 있습니다. 많은 경우, 일단 오레센 현상이 나타나도 수개월에서 1, 2년 정도 지나 다시 발화가 나타납니다.

또 발화가 있어도 그것이 꼭 다른 사람을 향하지는 않는다는 점이 자폐 스펙트럼 아동의 특징입니다. 오히려 영아기부터 유아기 전반 무렵에 걸친 발화의 대부분은, 잘 관찰해 보면 타인에게 메시지를 전달하려는 의사가 없습니다. 누군가의 말(부모뿐만 아니라 텔레비전에서 들었던 대사 등)을 그 자리에서 따라하거나, 시간이 지난 후에도 기억해서 되풀이하는 **'에코랄리아'**(반향어)라는 현상이 흔히 나타납니다.

말을 사용하지 않는 의사소통(비언어적 의사소통)에도 특징이 있습니다. 언어 발달의 지연이 없는 자폐 스펙트럼 아동들에게서도 나타난다는 의미에서는 이쪽이 보다 특징적입니다.

일반 아동들은 만 한 살이 되기 전후부터 다양한 비언어적 의사소통이 발달하게 됩니다. 그중에서도 중요한 것은 **'사회적 참조'**와 **'공동 주의'**입니다. '사회적 참조'란 영유아가 어떤 행동을 하는 도중에 자주 부모의 표정을 살피는 것입니다. 부모가 온화한 표정을 짓고 있으면 아이는 안심하고 그 행동을 계속합니다. 부모가 걱정스러운 표정이나 무서운 표정을 지으면 아이는 불안해져 그 행동을 그만두고 부모 곁으로 돌아옵니다.

'공동 주의'란 타인이 무엇인가에 주목하고 있는 것을 깨닫고 자신도 같은 대상에 주의를 돌리려고 하는 기능입니다. 예를 들어 두 사람이 이야기하고 있을 때, 한 사람이 상대방의 뒤쪽으로 갑자기 시선을 향하면, 상대방도 뒤돌아서 그쪽 방향을 보고 확인하려고 합니다. 또는 상대방의 등 뒤에서 무엇인가를 꺼내면, 그것을 본 상대방은 그 물건뿐만 아니라 뒤돌아 행위자를 보고, 어떤 의도가 있는지 확인하려고 합니다. 이런 기능이 '공동 주의'입니다.

영유아의 경우 자신이 흥미를 가진 물건을 상대방에게 보여 주고 싶어서 손가락으로 가리켜 나타낸다든지, 그 물건을 가지고 가서 상대방에게 보여 주는 행동이나, 상대방이 손가락으로 가리킨 방향을 돌아보거나, 누가 무엇인가를 보여 줬을 때 그 물건과 상대방을 번갈아 보는 행동이 만 한 살 전후부터 활발하게 나타납니다.

자폐 스펙트럼 아동들에게서는 이런 '사회적 참조'나 '공동 주의'가 늦게 나타난다고 알려져 있습니다. 전형적 자폐증 아동이나 전반적 발달 지연을 동반하는 아동에게서는 이런 것들이 나타나는 시기 자체가 3세 이후로 상당히 지연되는 경우가 많습니다. 전반적 발달 지연을 동반하지 않는 아동의 경우 만 한 살 전후부터 이런 기능이 나타나는 경우도 있지만, 일반 아동에 비교하면 출현 빈도가 낮고 몇 번씩 일깨우면 가끔 보이는 정도입니다.

그 외에 대인 관계를 원활하게 효율적으로 발전시키기 위한 다양한 의사소통 행동이 자폐 스펙트럼 영유아에게서는 어딘지 어색합니다.

예를 들면 보통 만 1~2세에서 보이는 '긍정(yes)'의 의미로 하는 '끄덕이기'(머리를 위아래로 끄덕이는 행동)와 '부정(no)' ─ '거부'가 아님에 주의 ─ 의 의미로 하는 '고개 젓기'(머리를 가로젓는 행동)를 그다지 원활하게 하지 못합니다. 또는 누가 이름을 부르면 "응?" "어?" 등으로 가볍게 대답을 하지 못하고, 유치원 선생님이 하듯이 "○○○!" 하고 불러야만 손을 들고 "네!" 하고 대답하는(이때, 상대방을 보지 않음) 것 등도 특징적입니다.

또한 '바이바이' 하고 손을 흔들 때 손바닥을 자기 쪽으로 향하게 해서 흔드는 경우가 있습니다. 자폐 스펙트럼인들 모두가 그렇다는 것은 아니지만 거꾸로, 일시적일지라도 이 현상이 나타나는 아동은 거의 틀림없이 자폐 스펙트럼이라고 생각해도 될 것입니다.

영유아기 후반~학령기

영유아기 후반은 가정에서 부모와 늘 함께 지내다가 유치원이나 어린이집 등 또래 아동들과 집단 생활을 시작하게 되는 시기입니다. 이에 따라 단순히 말을 할 수 있는지 없는지가 아니라 어떤 내용의 말을 하는지, 대화 내용이 다른 아이들과 어느 정도 서로 들어맞는지, 내용이 어긋나는 것을 어느 정도 감지해서 조정하려고 하는지 등의 부분에서 자폐 스펙트럼 아동들은 또래들과의 어긋남이 눈에 띄기 시작합니다.

자폐 스펙트럼인들은 시선과 표정, 태도를 이용해 공감을 나타내기, 그리고 교우 관계, 타인의 감정에 대한 반응, 기쁨이나 흥미,

성취감을 함께 나누는 태도 등이 어딘가 보통 사람들과 다릅니다. 아주 오래전부터 자폐증으로 알려진 전형적 이미지는 고립되기 쉽고 혼자 있기를 좋아하는 대인 행동적 특징입니다. 그러나 최근에는 자폐증 개념이 확장되어, 소극적으로 대답은 할 수 있지만 스스로 적극적으로 타인과 어울리려고 하지 않는 수동적 대인 관계도 포함되게 되었습니다.

여기에 추가적으로, 얼핏 보면 붙임성이 있어서 적극적으로 남과 어울리려고 하지만 그 방식이 늘 한 가지로 정형화되어 일방적이고, 상대방에게 둔감하며, 자기가 하고 싶은 말만 하고 가 버리는 사람, 또는 자기가 듣고 싶은 대답을 들을 때까지 몇 번이고 같은 질문을 되풀이하는 등 일방통행적 대인 관계를 갖는 경우도 스펙트럼에 포함되게 되었습니다.

영유아기 후반 이후 말할 때 억양이 단조로운 아동이나, 반대로 아나운서처럼 또렷한 억양을 사용하여 도리어 부자연스럽게 들리는 아동이 있습니다. 이야기를 좀 길게 할 수 있게 되면, 이번에는 대화가 상대방과 들어맞지 않는 점이 눈에 띄게 됩니다.

영유아기 후반 무렵부터는 부자연스러운 존댓말이나, '그러한데' 등 애어른 같은 말투를 사용하는 아동이 있습니다. 초등학교 고학년 이후가 되면 비꼬는 말이나 농담이 통하지 않고 말을 곧이곧대로 받아들이는 특징이 나타납니다.

언어뿐 아니라 비언어적 의사소통에도 특징이 있습니다. 몸짓이나 손가락질로 잘 표현하지 못하고 시선을 이용한 의사소통을 하지 못하며, 말 이외의 의미나 암묵적 이해 사항, 이야기의 맥락 등을 이해하지 못합니다. 즉, 한때 유행했던 말을 빌리자면, '공기를 읽을 줄 모른다'(눈치가 없거나 분위기 파악을 못 한다는 의미 - 옮긴이)는 특징이 두드러지게 됩니다.

어느 5세 아동의 일화입니다. 다른 아이가 자전거를 타다 넘어진 것을 보고 달려가서 상대방을 들여다보면서 "괜찮아?" 하고 말을 걸었습니다. 상대방을 걱정해서 "괜찮아?" 하고 말을 걸다니, 많은 사람들의 머릿속에 있는 '자폐증' 이미지로는 생각하기 힘든 일입니다. 이 아이는 상대방에게 말을 건다는 행동을 할 수가 있군요. 하지만 잘 살펴보았더니, 이 아이가 말을 건 대상은 넘어진 아이가 아니라 자전거였습니다.

다른 아동(6세)의 사례입니다. 이 아이가 혼자 모래밭에서 놀고 있을 때 다른 아이가 "음…, 혼자야?" 하고 말을 걸었는데, 이 아이는 전혀 아무 반응이 없었습니다. 말을 건 아이는 이상하다는 표정을 지으며 떠나 다른 곳에서 놀기 시작했습니다. 5분 정도 지나 아까 말을 건 아이에게 아무 대답도 하지 않았던 그 아이가 갑자기 모래밭에서 나와서는 말을 건 아이가 있는 곳으로 가서 이렇게 말했습니다. "우리 가족은 4명이야."

초등학교 1학년인 어느 아동은 학교에서 유인물을 돌릴 때 "잃어버리지 않도록 이름을 써 두세요"라고 선생님이 말씀하시자 '이름'이라고 썼습니다. 다른 초등학교 4학년 아동은 엄마가 다쳐서 병원에서 처치를 받고 귀가가 늦어지자 걱정스러운 듯이 마중을 나와

"저녁밥 더 기다려야 해?"라고 물어 엄마를 서글프게 했습니다.

대인 행동의 특징은 사춘기 이후에도 계속된다
이런 대인 행동은 사춘기 이후에도 자주 나타납니다.
어느 중학생은 급우와 싸워 상처를 입혔습니다. 그 친구 집에 엄마와 함께 사과하러 갔을 때 기특하게도 사과를 해서 상대방이 용서해 주었건만, 그 자리에서 "사과해서 속이 시원하구만" 하고 웃는 얼굴로 엄마한테 말했기 때문에 상대방은 울화가 치밀었습니다. 어느 남자 고등학생은 좋아하는 여자아이가 "다음에 다같이 영화 보러 가자"라고 말하자, "그럼 내일 가자"라고 고집을 부려서 그 여자아이를 어이없게 했습니다.

어느 대학생은 서클에서 처음으로 임원을 맡았을 때 선배가 "회식 때 전원 꼭 참가하라고 해"라고 말하자 당시 교통사고로 입원 중이었던 친구에게까지 전화해서 "꼭 오도록"라고 강한 어조로 요청했습니다. 어느 사회인은 회사 송년회에서 상사가 "오늘은 야자 타임으로 갑시다"라고 말하자 곧바로 그 상사한테 반말로 이름을 연거푸 불러서 동료들을 조마조마하게 만들었습니다.

말을 유창하게 할 수 있는 유형의 자폐 스펙트럼('아스퍼거 증후군'이라는 유형)에 속한 사람들은 표면적인 대화에서는 이상한 점이 그다지 드러나지 않습니다. 그러나 어느 정도 사귀는 동안 다음과 같은 특징이 명백하게 드러납니다.

예를 들면 자기 관심사에 대한 이야기를 장황하게 늘어놓으면서 그 자리의 상황이나 상대방의 표정에 대해서는 둔감한 경우를 흔히 볼 수 있습니다. 묘하게 예의 바르면서도 은근히 건방지게 느껴지는 말버릇을 지닌 사람도 있습니다. 이야기 내용이 너무 세부적으로 들어가는 경우가 많고, 필요 이상으로 세세한 정보를 다 끌어와서 이야기가 길어지는 경우도 많습니다. 표정이 좀 부자연스럽고, 대화하고 있는데 상대의 눈을 보지 않고 미묘하게 시선이 빗나가 있는 일도 흔합니다.

특징적인 대인 행동의 심리적 메커니즘

이러한 일련의 대인 행동에서 공통된 부분은 무엇일까요? 그들 본인의 입장에서 잘 생각해 보면 그들 나름대로는 이치에 맞습니다.

예를 들면 유아기의 모래밭 일화에서는 "혼자야?"라는 질문에 대해 "가족은 4명"이라고 대답한 것은 이치로 따져 보자면 꼭 잘못되었다고 할 수도 없습니다. 병원에서 돌아온 엄마를 마중 나왔을 때, 여느 때보다 저녁식사가 늦어진 것을 걱정할 수도 있지요. 급우와 싸운 중학생의 사례에서는, 상대방이 용서해 주었으니 사과에 대한 것은 일단락되었다고 여길 것입니다.

그렇지만 사례에 나오는 모든 상황에서 주변 사람들은 당사자를 어딘지 이상하다고 여깁니다. 이런 식으로 의사소통을 하는 사람이 주위에 있다고 가정한다면, 왜 그것이 이상하다고 생각되는지 그 이유를 여러분은 명쾌하게 설명할 수 있을까요? 누가 설명해 보라고 하면 의외로 어렵습니다.

실제로 대인 관계 상황에서 많은 사람들은 이런 행동을 하는 사람에 대해서 왜 그것이 이상한지 설명해 주려고는 하지 않고 농담이라고 생각해서 웃거나, 까분다고 생각해서 기분이 상한다거나, 여하간 감정적으로만 반응하고 끝내 버립니다. 그 이유는 '그런 것은 말을 안 해도 아는 게 당연'하다는 인식과 '그런 것도 모르다니 사람이면 그럴 수 없어'라는 감정이 무의식중에 작용하기 때문입니다.

이런 상황에 처했을 때 자폐 스펙트럼인들의 논리 구조는 어떤 면에서 보면 이치에 맞지만 다른 측면의 관점이 결여되어 있습니다.

자전거를 타는 아이가 넘어졌을 때 그 아이가 다칠 뿐만 아니라 자전거도 손상될 수 있습니다. 물론 양쪽 모두의 손상을 걱정할 수 있습니다. 그러나 "괜찮아?" 하고 말을 거는 대상은 사람이지, 일반적으로 자전거에게 말을 걸지는 않습니다. 왜냐하면 "괜찮아?" 하고 말을 거는 행위에는 괜찮은지 어떤지의 정보를 본인과 주위 사람이 공유하겠다는 목적과 더불어, 상처를 입은 사람에 대해 '나는 당신의 상처를 걱정하고 있어요'라는 메시지를 전달할 목적이 있기 때문입니다. 자전거에 대해 그런 목적은 필요하지 않지요.

모래밭에서 노는 상황에서 "혼자야?" 하고 질문하는 경우, 실은 사람의 숫자를 묻는 것이 아닙니다. "괜찮다면 같이 놀래?" 하고 청하는 것이죠. 공공연하게 그런 말을 하지 않아도 많은 아이들은 그냥 감으로 알아차립니다.

상처 치료를 받고 병원에서 돌아온 엄마들은 마중 나온 아이한

테서 "괜찮아?"라는 말을 듣고 싶어합니다. 이 "괜찮아?"라는 말은 사실 확인이 아닙니다. 자전거의 사례와 마찬가지로 '다친 엄마가 걱정이 돼'라는 메시지입니다. 이 말을 들음으로써, 자기 몸을 걱정해 주는 상대방에 대해 감사의 마음을 가지고 안심하게 됩니다.

하지만 그런 엄마의 심정을 자폐 스펙트럼인들은 좀처럼 깨닫지 못합니다. 괜찮지 않으면 병원에서 돌아오지 않았을 테니 엄마가 돌아왔다는 것은 괜찮다는 것이죠. 자폐 스펙트럼인은 이런 논리적으로 명백한 것을 구태여 상대방에게 질문하는 의미를 알지 못합니다. 그보다는 엄마가 병원에 가 있었기 때문에 제시간에 시작하지 못한 저녁 식사를 언제 할 수 있을지가 걱정입니다.

더욱 미묘하게 어긋나는 의사소통

지금까지 자폐 스펙트럼인들이 보이는 대인 행동의 특징을 구체적 예를 들어 제시했습니다. 하지만 지금까지 제시한 사례는 누가 보더라도 '좀 이상해' 하고 이해할 만한 것을 모은 것입니다. 실제로는 더욱 미묘하게 의사소통이 어긋나는 경우가 많이 있습니다.

회사원으로 일하는 자폐 스펙트럼인 C 씨는 어떤 이야기를 하던 중 동료에게 자기가 좋아하는 작가를 화제로 꺼냈을 때, 상대방이 "좋군요"라고 말했기에 며칠 후 그 작가의 책을 한 권 가져와서 "이거 재미있으니 꼭 읽으세요"라고 말하며 그 동료에게 빌려주었습니다. 며칠 후, 동료가 책을 돌려주러 왔을 때 감상을 묻자 동료는 "재미있었지만 좀 어려웠던 것 같아요"라고 말했습니다. 그래서 며칠 후 C 씨는 같은 작가의 다른 책을 한 권 가지고 와서 "이쪽이 더 이해하기 쉬울 테니까 빌려줄게요"라며 그 동료에게 빌려주었습니다. 며칠이 지나도 상대방이 책을 돌려주러 오지 않아서 그 동료의 부서에 찾아가서 "그 책 읽었어요?"라고 물어보자, "미안합니다. 아직 못 읽었어요."라는 대답이었습니다.

한 달 정도 지나 상대방이 그 책을 돌려주러 왔습니다. 감상을 묻자 "재미있었어요"라고 대답하기에 "○○라는 책도 재미있어요. 가지고 있어요?"라고 물었습니다. 그는 "아뇨, 이 작가의 책은 별로 가지고 있지 않습니다"라고 대답했습니다. 그러자 "그럼 다음에 당신이 가지고 있지 않은 이 작가의 책을 많이 빌려줄게요"라고 말하고 헤어졌습니다.

며칠 후 그 동료가 다른 동료한테, "C 씨가 일방적으로 끈질기게 책을 빌려주려고 하면서 생색을 내려고 해서 골치 아파"라고 고민을 털어놓고 있는 것을 목격한 C 씨는 충격을 받았습니다.

   C 씨 입장에서 보자면, 자기가 재미있다고 생각하는 작가를 동료가 "좋군요"라고 말했기에 당연히 상대방도 흥미가 있는 것이라고 생각했던 셈입니다. 첫 번째 책을 빌려주었을 때의 감상이 "좀 어려웠다"라고 했기에 다음에는 좀 더 쉬운 내용의 책을 골라서 빌려주었습니다. "이 작가의 책은 별로 가지고 있지 않다"라고 했기에 "흥미는 있지만 별로 가지고 있지 않구나. 그렇다면 많이 빌려주면 좋아할 거야"라고 생각하여 "많이 빌려줄게요"라고 말을 꺼냈을 뿐입니다.

   독자 여러분 가운데에도 일상생활에서 나도 그런 식으로 생각할 때가 있는데 하는 분이 있을지도 모르겠습니다.

그런데, 상대의 입장이 되어 보면 다른 시점이 보입니다.

사회인쯤 되면 상대방이 화제로 삼은 작가에 대해 노골적으로 부정적인 감상을 말하는 일은 별로 없습니다. 그럴 때 많은 사람들은 자기도 좋아하거나 흥미가 있는 경우에는 그 사실을 표정과 목소리 톤 등을 이용해 되도록 명확하게 전달하고, 그렇지 않은 경우에는 부정도 하지 않지만 완전히 긍정하거나 '좋아한다'고는 말하지 않는 미묘한 표현의 차이로 자신의 의견을 상대방이 추측할 수 있도록 합니다.

이 사례에서는 "재미있었지만 좀 어려웠던 것 같아요"와 같이 약간 보류를 나타내고, 2권째는 즉시 돌려주지 않고(흥미가 있으면 금방 읽었겠지요), "그 작가의 책은 별로 가지고 있지 않다"고 말함으로써 스스로 책을 사서 읽을 정도로 좋아하지는 않는다는 것을 암시하는 등 몇 가지 메시지를 주고 있습니다.

2권째에서도 "재미있었다"라고 말하지 않았나 하고 생각하시는 분도 있을지 모르겠습니다. 하지만 이 상황은 '재미있었다' 혹은 '재미없었다' 중에 어느 하나밖에 대답할 수 없는 상황으로, 여기서 보통 '재미없었다'라고 말하기는 어렵습니다.

이리하여 C 씨와 동료 사이에는 조금씩 오해가 생기고, C 씨가 잘해 주려고 했던 호의적 행동이 상대방을 곤란하게 만들었습니다.

이런 경험은 사회생활 속에서는 자주 있는 것으로 생각될지도 모르겠습니다. 그러나 실제로 그렇게 자주 있을까요? C 씨와 같은 행동을 종종 하는 사람은 여러분의 지인 중에서도 비교적 한정되어 있지 않나요? 혹은 다른 사람은 그렇지 않은데, 왠지 여러분 자신이 C 씨 같은 체험을 하는 일이 있지 않나요?

자폐 스펙트럼 가운데에서도 그 특징이 경미하면 이처럼 대인 관계가 미묘하게 어긋나는 것으로 시작해서, 자각했을 때는 이미 뿌리 깊은 대인 관계 트러블로 심화되고, 그때 가서야 처음으로 문제를 깨닫게 되는 경우도 있습니다.

2. 공통적 특징 ② '집착'이 강하다

이 장 앞부분에서도 썼습니다만, 자폐 스펙트럼인의 공통적 특징으로 '자신의 관심, 방식, 진행 속도의 유지를 가장 우선시하고자 하는 본능적 지향이 강하다'는 점이 있습니다.

이런 특징은 생활 속 여러 상황에서 다양한 형태로 나타납니다. 전형적 자폐인들은 흥미나 행동 범위가 좁게 한정되어 패턴화되기 쉽기 때문에 특정 대상에 애착을 갖고, 순서나 배치에 집착하고, 특정 기호나 마크, 기상도, 지도, 전화번호부 등에 치우친 흥미를 갖는다는 사실이 전부터 잘 알려져 있습니다.

지적 발달이 눈에 띄게 더딘 사람에게서는 자신의 몸을 이용한 '**상동 행동**'이 흔히 나타납니다. 이것은 예를 들면 손을 펄럭거리는 등 동일한 행동을 목적 없이 몇 번이고 반복하는 것입니다. 유아기에는 소꿉놀이와 같이 상황이 자꾸 바뀌는 놀이를 별로 하지 않습니다. 정해진 패턴이 바뀌면 강하게 저항을 하는데, 이때 흔히 '패닉'이라고 일컫는 현상이나 자해 행동, 공격 행동 등이 나타납니다.

지적 발달의 지연이 나타나지 않는 사람에게서도 유아기에는 이런 행동이 두드러질 수 있습니다. 그러나 자라면서 강한 흥미나 패턴화의 대상이, 몸을 사용한 상동 행동 같은 감각 운동적 활동에서 보다 지적인 활동이나 사회적 행동과 같은 종류로 옮겨 갑니다.

좋아하는 분야에 관한 기계적인 기억에 뛰어나서 '○○ 박사'로 불릴 정도인 경우와, 무엇이든 남과 경쟁하고 싶어하고 일등을 못하면 패닉을 일으키는 경우(우리는 이것을 '일등병'이라고 부릅니다) 등이 이것에 해당됩니다. 또한 규칙을 지키게는 되었지만 오히려 너무 잘 지키거나, 자기뿐만 아니라 다른 사람도 지키지 않으면 격노하는 등의 특징이 나타나기도 합니다.

이하에서는 '자신의 관심, 방식, 진행 속도의 유지를 가장 우선시하고자 하는 강한 본능적 지향'을 간단히 **'집착'**이라고 부르겠습니다. 집착은 자폐 스펙트럼의 중요한 특징임에도 불구하고, 어떻게 이해하고 어떤 지원에 활용하면 좋은지에 대해 그다지 체계적으로 논의되지 못했습니다. 여기에서는 집착에 관해 이해해 두어야 할 중요한 법칙 두 가지를 소개하겠습니다.

인지가 발달하면 집착도 강해진다

우선 첫 번째는 집착의 내용에 관한 것으로, '인지가 발달하면 집착도 발달한다'는 법칙입니다.

일찍이 자폐증 특유의 증상과 지적 발달 지연과의 관계에 대해 전문가조차 미처 잘 알지 못했던 시절, 일부 연구자들은 인지 기능이 발달하면 그에 따라 자폐증의 특징이 개선되는 것이 아닐까 기대했습니다. 그래서 인지 기능을 높일 목적의 교재를 개발하여 자폐 아동들에게 학습을 시키려는 여러 가지 시도가 있었습니다.

그러나 유감스럽게도 기대처럼 되지는 않았습니다. 현재는 지적 장애를 동반하지 않는 '고기능 자폐증'을 비롯하여 자폐 스펙트럼에 관한 지식이 증가하여, 인지 기능이 발달해도 자폐증의 특징이 사라지지는 않는다는 것을 많은 전문가가 통감하고 있습니다.

인지 기능이 발달함에 따라 발화가 증가하는 등 의사소통 능력이 분명히 향상되기는 합니다. 그렇더라도 1장에서 서술한 바와 같이 미묘한 대인 관계를 임기응변으로 조정하는 데는 여전히 어려움을 겪습니다. 더욱 중요한 것은 인지 기능이 발달하는 것과 함께 집착 또한 발달 수행과 더불어 지속된다는 점입니다.

최근에 잘 알려지게 된 '아스퍼거 증후군'으로 대표되는 고기능 자폐 스펙트럼인들은 성장과 더불어 흥미 있는 분야에 관한 마니아적인 지식을 익혀 이른바 '오타쿠' 등으로 불리게 되는 경우가 있습니다. 그런 사례를 보면 '인지가 발달하면 집착도 강해진다'는 것을 실감할 수 있을 것입니다.

집착 보존의 법칙

집착에 관한 또 하나의 법칙은 집착의 양적 측면에 관한 것으로, 우리는 '집착 보존의 법칙'이라고 부릅니다. 어떤 사람이 가진 집착의 특징은 경험상 총량에서는 일정한 것으로 생각됩니다. 그것은 물리학에서 배우는 '에너지 보존 법칙' 같은 것으로 생각하면 이해하기 쉬울 것입니다.

자폐 스펙트럼인의 집착 대상은 반드시 계속 똑같지는 않습니다. 한때 '마이붐'(개인적으로 현재 어떤 대상에 일시적으로 빠져 있는 상태를 일컫는 일본식 영어 조어 - 옮긴이)이라는 말이 유행했지만, 자폐 스펙트럼인들도 집착하는 대상에 대해서 바로 '마이붐'이 되어서 열을 올리다가 좀 시간이 지나면 시들해지는 것을 되풀이하는 면이 있습니다.

그렇지만 특정 대상에 대한 집착은 식어도 '무엇인가에 집착을 한다'는 에너지 그 자체는 보존되어 그 대상만 바뀌는 것입니다. 어느 시기에는 사물의 배치를 늘 똑같이 하는 것에 집착하던 사람이 어느새 그것에 대한 관심은 줄어들고, 그 대신 언제나 같은 길로 외출하는 것에 집착하게 되었다는 케이스를 임상 전문가는 자주 경험합니다.

나아가, 앞서도 말했지만 발달과 더불어 집착이 보다 고도의 대상으로 옮겨갈 때도 집착 경향의 총량에 변화는 없는 듯합니다.

집착을 활용하자!

이 두 가지 법칙은 물리학처럼 양을 측정해서 증명할 수 있는 것은 아닐지도 모릅니다. 하지만 매우 실용적입니다. 여기서 잠시 생각해 봅시다.

자폐 스펙트럼에 관한 이야기 중에서 '집착'이라고 하면 어쩐지 부정적인 이미지가 있습니다. 그러나 일반적인 일상 대화 속에서 '○○씨는 집착하는 면이 있다'고 할 때, 반드시 나쁜 이미지라고만 할 수는 없습니다. 오히려, '△△씨는 요리할 때 좋은 재료에 집착한다' 등과 같이 '집착'이 칭찬으로 사용되는 경우도 많지 않을까요.

우리도 아침에 일어나서 출근하기까지 일련의 일상적 동작(세수, 요리, 식사, 옷 갈아입기, 문 잠그기) 같은 것은 스스로 깨닫지 못하는 사이에 일정한 순서를 만들어 놓고 그대로 하지 않으면 뭔가 이상하다고 느끼지 않는지요. 즉, '집착'은 활용하기에 따라서 긍정적인 것이 될 수도, 부정적인 것이 될 수도 있습니다.

자폐 스펙트럼인들의 집착을 하나의 증상으로 거론하는 이유는 이것이 흔히 일반적 상식과는 동떨어진 대상을 향하는 측면과 정도가 지나쳐 사회생활에 지장을 주는 점 때문입니다.

경험적으로 말하자면 자폐 스펙트럼인들의 다수는 성장과 더불어 집착하는 대상이 변합니다. 어릴 적에는 이상한 것에 집착했던 사람들도 안심할 수 있는 환경이 보장된 가운데 성장하면 취미나 생활 습관 속에 집착이 녹아들게 됩니다. 그에 따라, 총량은 일정하므로 결과적으로는 사회적으로 이상한 집착이 줄어든 것처럼 보입니다.

거꾸로, 강한 심리적 스트레스를 받으면 집착 대상이 사회적으로 이상한 것으로 옮겨가거나, 집착 대상은 이상하지 않더라도 극도로 협소하거나 정상이 아닐 정도로 정도가 심해지는 경우가 있습니다.

저는 지금으로서는 집착을 그 사람의 정신적 안정도의 척도로 보는 것이 실용적이라고 봅니다. 또한 집착을 없애는 것을 목표로 하는 치료보다도 '취미나 일상적 생활 습관 속의 집착을 증가시켜서 결과적으로 이상한 집착을 줄인다'는 발상을 가짐으로써 집착을 활용하도록 마음에 새겨 두고 있습니다.

집착의 심리적 메커니즘

자폐 스펙트럼인들이 보이는 집착의 심리적 메커니즘에 대해 생각해 봅시다.

하다 보면 시간 가는 줄도 모를 만큼 좋아하는 일은 누구에게나 있을 것입니다. 또한 생활 속에서 다양한 규칙을 만들고, 그대로 진행되지 않을 때 부자연스러움을 느끼는 일이 있을 것입니다. 그런 특징이 있다고 모두 자폐 스펙트럼이라고 생각하면 이 세상 사람은 다 자폐 스펙트럼이 됩니다. 물론 그렇지 않습니다.

자폐증의 심리학적 연구로 유명한 런던 대학의 우타 프리스(Uta Frith)는 자폐증의 집착을 설명할 심리학적 가설로 '중앙 응집'이라는 개념을 제시했습니다. 이것은 사물을 구성하는 개별적 부분보다도 우선 전체상을 대략 파악하는 기능이라는 의미입니다. 자폐 스펙트럼인들은 우선 전체상을 파악하고 나서 부분을 보는 것이 아니라, 개별적 부분밖에 보지 못하기 때문에 그 부분들끼리의 관계나 전체상이 보이지 않는 것일 수도 있다는 것이 프리스의 가설입니다.

지엽적인 부분에 지나치게 신경쓰는 것이 생활 속에서는 집착으로 나타난다고 봅니다. 예를 들면 외출을 할 때 목적지에 빨리 도착하는 것이 가장 중요한데도 길의 경로에 강하게 집착하는 것은 빨리 도착한다는 거시적인 목적을 잘 알지 못하고 눈앞의 길에 마음이 사로잡히고 말기 때문입니다.

대인 관계와 '루빈의 꽃병'

고기능 자폐인이나 자폐 스펙트럼의 특징이 약한 사람의 경우, 그 나름대로 대인 관계에 대한 관심은 나타나게 됩니다. 그렇긴 해도 대인 관계에 대한 배려보다 자신이 하고 있는 일을 지나치게 우선시하는 본능적 지향은 성인기까지 지속됩니다.

다음 쪽의 그림 1은 '루빈의 꽃병'이라는 이름으로 알려진 그림입니다. 여러분도 어디선가 본 적이 있을지도 모르겠습니다.

이 그림은 검은 부분과 흰 부분의 어느 쪽을 그림으로 보고 어느 쪽을 배경으로 보는가에 따라 보이는 것이 달라집니다(이런 그림을 '다의 도형', '반전 도형' 등으로 부릅니다). 검은 부분을 그림, 흰 부

그림 1 루빈의 꽃병

분을 배경으로 보면 꽃병이 보입니다. 한편 흰 부분을 그림, 검은 부분을 배경으로 해서 보면 두 사람이 마주 보고 있는 모습이 보입니다.

여러 사람들이 어떤 일을 할 때 하고 있는 일이나 대상이 되는 것과, 그것을 함으로써 생기는 대인 관계는 '루빈의 꽃병'의 '꽃병'과 '두 명의 사람'과 같은 관계를 이루고 있습니다. 어느 쪽이 그림이고 어느 쪽이 배경인지가 중요한 것이 아닙니다. 하고 있는 일에 주목하는 순간에는 그것이 그림이 되지만, 대인 관계에 주목하는 순간에는 그쪽이 그림이 됩니다.

이때, 하고 있는 일을 그림으로 주목하는 경향이 강한지, 그렇지 않으면 대인 관계를 그림으로 주목하는 경향이 강한지, 이 부분이 사람에 따라 나뉩니다. 예를 들어 스포츠를 상상해 보십시오.

스포츠에는 그 자체의 기술을 익혀 향상시킬 목적이나 기술을 겨루어 시합에서 이긴다는 목적도 있지만 동시에, 공통적인 활동을 통해 대인 관계를 쌓고 심화시킨다는 목적도 있습니다. 시합에서는 승부에 철저하지만 시합이 끝나면 서로를 격려하며, 친목을 도모하는 자리에서는 교류를 두텁게 다지기도 합니다.

경우에 따라서는 기술을 향상시키거나 시합에서 이기는 것보다 대인 관계 형성이 주 목적인 듯한 활동조차 있습니다. 이런 경우는 표면적으로는 스포츠 활동이지만 실질적으로는 사교적인 자리라는 의미가 오히려 강합니다.

자폐 스펙트럼인들은 성년기가 되어도 대인 관계보다 활동 그 자체를 주된 목적으로 삼으려는 본능적 지향이 강하다는 특징이 있습니다. '스포츠 등을 통해 교류를 심화시킨다'는 사고방식을 머리로는 이해해도 막상 실제로 가벼운 게임 같은 것을 하면 죽기 살기로 달려들기 쉽습니다.

대인 관계에 집착하는 경우도 있다

대인 관계는 사실 무척 복잡한 요소가 얽혀 있습니다. '사이가 좋지만 라이벌'이라는 말처럼 일견 모순적인 요소가 양립할 때도 있습니다. 이런 경우, 이같은 모순적인 요소의 어느 쪽에 주목할지에 있어서도 일반인들은 루빈의 꽃병에 나오는 그림과 배경을 보는 방식처럼 양자의 시점을 세심하게 번갈아가면서 잘 나누어 파악합니다.

그러나 이런 분간은 자폐 스펙트럼인에게는 매우 어렵습니다.

자폐 스펙트럼인들이 상당한 비율로 경험하는 집착의 일종인 '일등병'이 그 예입니다.

일등병은 이르면 유아기 후반 무렵부터 나타납니다. 유치원이나 어린이집의 집단생활에서 선생님은 "친구끼리 사이좋게 지내요"라고 아이들에게 가르칩니다. 그러면서 한편으로는 "누가 준비를 빨리 끝낼 수 있을까요? 준비 — 시작!"이라고 합니다. 이와 같은 간단한 경쟁이 생활 속 곳곳마다 내포되어 있습니다. 운동회는 경쟁 원리 그 자체입니다. 이렇게 어느 때는 사이좋게 지내면서도 다른 상황에서는 경쟁하는 대인 관계는 자폐 스펙트럼 아동들에게 모순 가득한 것입니다.

일반 아동들은 각 상황마다 사이 좋게 지내는 것과 경쟁하는 것 중 어느 쪽을 그림으로 택할지 능수능란하게 구분합니다. 그러나 자폐 스펙트럼 아동들은 그렇지 못하고 어느 한쪽만으로 그림을 고정시키게 됩니다.

또한, 아직 어린 자폐 스펙트럼 아동들에게는 사이 좋게 지내는 것보다 경쟁하는 쪽이 결과(즉 승패)가 명백하게 느껴집니다. 따라서 경쟁을 의식하게 되는 유아기 후반 무렵부터 자폐 스펙트럼 아동들은 여러 가지 일에서 경쟁을 하려 들고, 일등에 강하게 집착합니다.

자신이 일등을 하기 위해서는 약빠른 수단도 주저없이 이용하기 때문에 주위 아이들을 화나게 하며, 이렇게 일등병이 나타나기 시작한 자폐 스펙트럼 아동을 상대로 대응하기가 상당히 어려워집니다.

이러한 특정 대인 관계에 대한 집착은 성인에게서도 종종 나타납니다. 일등병 같은 극단적인 것은 아닐지라도 언제나 자신이 특정 상대보다 우위(성적이나 업적 등)인 것에 강하게 집착하고, 다른 사람들과의 대화 속에서 언제나 자기 자랑을 하는 등의 특징에서 일등병이 발전된 형태로 나타납니다.

이와는 반대로, 후술하겠지만 대인 관계에서 상처받은 자폐 스펙트럼인들 중 일부는 배려하는 것에 지나친 집착을 갖게 됩니다. 그 결과 무슨 일이든지 다른 사람의 의향을 존중하려고 한 나머지 자기 주장을 못 하게 되어 스트레스를 속에 쌓아 두는 사람도 있습니다.

3. 그 외에 나타나는 특징

여기서부터는 자폐 스펙트럼의 정의에는 나오지 않지만 중요하다고 생각되는 특징과, 모두에게는 아니지만 자주 나타나는 특징을 거론하겠습니다.

감각 이상
시각, 청각, 후각, 미각, 촉각, 온각, 통각 등의 감각 기능에 어떤 이상이 보이는 경우가 있습니다. 그런 영역의 감각이 어떻게 이상한지는 상당한 개인차가 있습니다. 전반적으로 시끄러운 소리가 견디기 힘들다는 경우도 있지만 특정한 소리, 냄새, 맛 등을 매우 싫어하는 경우가 종종 있습니다. 반대로, 특정 감각 자극을 매우 좋아하는 경우도 있습니다. 더위나 아픔에 극히 둔감하거나, 다른 사람에 비해 특정 감각 자극에 대한 민감도가 비정상적으로 낮은 경우도 있습니다.

　이런 감각적 이상은 과소평가되기 쉽습니다. 원래 자신의 감각 기능을 다른 사람과 비교하기는 어려운 데다, 자폐 스펙트럼인들은 타자와 자신을 비교하는 것에 관심이 적기 때문에 다른 사람과 비교해서 자신의 감각 기능이 이상하다고 깨닫기 어려운 면이 있습니다. 또한 주위 사람들도 자신들한테는 아무렇지 않은 감각이 어떤 사람에게는 굉장히 견디기 힘들다는 것이 언뜻 감이 오지 않습니다.

　특정한 감각 자극에 과민해서 극도로 싫어하는 사람이 그런 감각 자극으로 힘들어 하지만 다른 사람들에게는 그 자극이 그다지 싫게 느껴지지 않는다면 다들 '지내다 보면 익숙해질 테니 괜찮아' 하고 생각하기 쉽습니다.

　예를 들면 우유의 맛이나 냄새가 한사코 싫은 아동의 경우, 학교 급식에서 조금씩 마시는 연습을 하는 경우가 흔히 있습니다. 그런 방법으로 우유를 마실 수 있게 되는 아동도 있지만, 그중에는 아무리 해도 익숙해지지 못하는 아동이 있습니다. 우유처럼 대다수 사람에게 별 문제가 없는 것일 경우, 그것을 받아들이지 못하는 사람이 동정을 얻기는 어렵습니다.

　만일 이것이 칠판을 손톱으로 긁는 소리나 스티로폼을 서로 비비는 소리라면 어떨까요? 이런 소리를 들으면 소름이 돋는다는 사람이 있다고 해도 그 사람한테 조금씩 연습을 시켜서 익숙해지게 만들어 보겠다는 시도는 별로 없습니다. 많은 사람이 싫어하는 감각 자극이라면 이렇게 공감을 얻기 쉽습니다.

자폐 스펙트럼인들이 보이는 감각 이상은 보통 다수의 사람들에게는 아무렇지 않은 감각 자극이 매우 싫다는 경우와, 많은 사람들에게 괴로운 자극이 아무렇지 않은 경우가 있습니다. 어느 쪽이건 보통 사람들과는 상당히 다른 감각이므로 일반인들로부터 공감을 얻기 어려운 것이 특징입니다. 그런 이유로 일상생활 속에서 이런 문제가 경시되거나 무시되는 경우가 많습니다.

구체적이고 명확한 정보에 대한 강한 지향성

자폐 스펙트럼인들은 구체적이고 명확한 정보를 좋아합니다. 거꾸로 추상적 사안이나 애매한 정보에 대한 관심이 적습니다.

청각적 정보보다 시각적 정보에 대한 지향성이 강한 것도 그중 하나입니다. '백문이 불여일견'이라는 말이 있듯이, 말로 설명하는 것보다 실제로 보는 쪽이 알기 쉬운 것은 일반인들도 마찬가지입니다. 그런데 자폐 스펙트럼인들은 그 경향이 더욱 강합니다.

알기 쉬우면 주목하기 쉬워집니다. 눈으로 하는 '주목(注目)'이라는 말은 있어도 귀로 하는 '주이(注耳)'라는 말은 없듯이, 일반인들도 그렇습니다. 텔레비전 드라마에서도 남편이 신문이나 텔레비전을 보는 데 열중해서 아내의 이야기는 건성으로 듣는 장면이 흔히 나옵니다.

시각, 청각, 후각 등의 분류를 '감각 모달리티'라고 하는데, 자폐 스펙트럼인들은 외부 세계로부터의 정보를 받아들일 때 하나의 감각 모달리티에 지나치게 집중하는 듯합니다. 그 점으로 인해, 일반인들에게서도 나타나는 시각 정보 지향성이 이들에게서는 보다 증폭되어서 시각 정보에 지나치게 집중하고 마는 것인지도 모릅니다.

자폐 스펙트럼인들은 애매한 정보의 처리를 잘 하지 못합니다. 이들이 누군가에게 말을 걸었을 때 "지금 바쁘니까 나중에요"라고 하는 것보다는 "10분 후에 오세요"라고 말해 주는 편이 이해하기 쉽습니다. "다음에요", "슬슬 마무리지어 주세요", "지금 그쪽으로 가고 있습니다" 등의 표현보다 "지금은 안 되지만 내일은 괜찮아요", "5시가 되면 마무리지어 주세요", "11시에 그쪽에 도착할 예정입니다" 등으로 어느 정도 세부 정보를 명확히 하는 편이 좋습니다.

운동을 잘하지 못한다

자폐 스펙트럼인들 중 일부는 운동 기능에 이상이 나타납니다. 운동을 전반적으로 잘 못하는 사람도 있지만, 부분적으로 잘 못하는 경우도 있습니다.

운동 기능은 신체 전체를 움직이는 '대근육'과 손끝 등 일부를 사용하는 '소근육'으로 크게 나뉘어집니다. 대근육에도 걷기, 달리기, 수영 등 주로 신체의 협응 운동만으로 하는 것과, 공 던지기, 차기, 배트 휘두르기와 같이 도구를 사용하는 것 등 여러 종류가 있습니다. 소근육 운동도 마찬가지로 글쓰기, 그림 그리기, 물체 집기, 젓가락 사용 등 여러 가지입니다.

자폐 스펙트럼인들 가운데에는 이런 많은 종류의 운동 기능 일부가 매우 약한 사람이 있습니다. 다만 운동을 아주 잘하는 사람이나, 세밀한 작업을 대단히 정교한 기술로 할 수 있는 사람도 있기 때문에 운동이 서툰 것이 자폐 스펙트럼의 진단 기준이 될 수는 없습니다.

일단 외운 것은 잘 잊어버리지 않는다

자폐 스펙트럼인들 중 다수는 특정 영역에 관한 기억력이 뛰어납니다. 물론, 지적 장애를 동반하는 사람들이 존재하는 것에서도 알 수 있듯이 기억력 전반이라는 의미는 아닙니다. 그러나 지능 검사에서는 지적 장애로 나오는 사람들도 매우 한정된 영역에 관한 기억력이 일반인들을 훨씬 뛰어넘는 사례를 전문가는 자주 경험합니다.

일반적으로 말하면, 자폐 스펙트럼인들은 지적 장애의 유무에 상관없이 자신이 체험한 일화를 영화의 장면처럼 기억하는 힘이 뛰어난 것 같습니다. 또한 관심이 있는 영역에 관한 기계적 기억에 뛰어나고, 세부적인 것에 이르기까지 정확하게 기억하는 사람도 있습니다.

그중에는 중도~최중도(일본의 지적 장애 등급은 가벼운 단계에서부터 경도 - 중등도 - 중도 - 최중도로 나뉜다. 지역에 따라 판정 기준이 다를 수 있으나 중도 판정의 기준은 공통적으로 IQ 35 미만으로, 한국의 1급과 같은 기준이다 - 옮긴이)의 지적 장애가 있으면서, 수학, 사실화, 음악 등에 천재적인 기억력을 보이는 사람이 있어서 '서번트 증후군'으로 불리고 있습니다.

이렇게 뛰어난 기억력은 사회생활에서 무기가 될 수도 있습니다. 그러나 이 능력이 때로는 그 사람에게 심리적 부담이 될 수도 있습니다. 왜냐면 기억력이 좋다는 것은 뒤집어 보면, 일단 기억한 것을 좀처럼 잊을 수 없다는 것이기 때문입니다.

일반적으로 사람은 무엇인가를 체험하면 그것을 단기 기억이라는 형태로 기억합니다. 일단 기억한 내용 중 나중에도 가끔 상기했던 기억만이 장기 기억이 되어 보존됩니다. 별로 상기하지 않은 기억은 장기 기억의 저장고에 들어가지 않고 잊혀져 버립니다. 또, 장기 기억의 저장고에 들어간 기억 내용도 시간의 경과와 함께 세부 정보는 서서히 흐려져 세월이 지나면 막연하고 부정확한 것이 됩니다.

이것은 정신 건강을 지키기 위해서는 필요한 것이기도 합니다. 불쾌한 기억이나 슬픈 기억 등은 시간과 함께 서서히 세부적 사실이 흐려져, 기억이 난다고 하더라도 이전만큼 마음이 아프지 않게 되는 것이 일반적입니다. 언제까지나 세부적 사실까지 선명하게 기억하고 있으면 생각날 때마다 마음이 매우 아프게 됩니다. 망각은 마음의 방어 반응이라는 측면도 있는 것입니다.

또한 우리는 생활 속에서 계속 새로운 경험을 쌓아 갑니다. 그런 가운데 중요한 일은 우선시하고 그렇지 않은 일은 별로 고려하지 않듯이, 일의 우선 순위를 정해야 합니다. 그렇게 하지 않으면 효율적으로 활동할 수 없기 때문입니다. 그러기 위해서도 불필요한 것은 잊고 중요한 것만을 기억하는 것은 오히려 필요합니다.

그런데 자폐 스펙트럼인들에게는 일단 기억한 것이 세부적인 것에 이르기까지 선명하게 보존되어 잊히지 않는 것입니다. 그 때문에 한 번이라도 불쾌한 경험이나 슬픈 체험을 하면 그것을 언제까지나 잊지 못하고 쉽게 떠올리고, 그때마다 강한 심적 고통을 느낍니다. 또한, 너무 세부적인 것을 계속 기억하고 있기 때문에 일의 우선순위를 잘 정하지 못해 전반적으로 비효율적인 생활을 하게 됩니다.

상대적 관계를 이해하기가 어렵다

자폐 스펙트럼인들은 사물을 단독으로 이해할 수는 있어도 한 가지 사물과 또 다른 사물과의 상대적 관계를 파악하기가 어려운 경우가 있습니다.

지적 장애를 동반하는 자폐증 아동들은 보통 유아라면 2~3세에 생기게 되는 비교 개념(크다/작다, 길다/짧다 등)이나 관계 개념(위/아래 등 공간 관계나 전/후 등 시간 관계)을 이해하기가 어렵습니다. 지적 장애가 없는 경우에는 다소 느리긴 하지만 이런 개념들은 이해하게 됩니다.

하지만 더욱 어려운 것이 사람들 사이의 관계입니다. 많은 자폐 스펙트럼인들에게서 유아기에 나타나는 '에코랄리아'(반향어)나 혼잣말은 사람과의 관계를 이해하기 어렵다는 것을 드러내 줍니다.

형식적으로는 상대방과 번갈아 이야기하는 것처럼 보여도 사람들 사이의 관계에 대한 이해 부족으로 인해 내용상으로는 대화가 되지 않는 경우가 있습니다.

예를 들면 가족 중 누군가 집에 돌아왔을 때, 돌아온 사람은 "다녀왔습니다"라고 하고 집에 있다가 맞이하는 사람은 "잘 다녀왔어요?"라고 말하는 것이 보통입니다. 그런데 자폐 스펙트럼 아동의 대다수는 "잘 다녀왔어요?"라고 말하면서 집에 들어오거나 "다녀왔습니다"라고 하면서 귀가한 가족을 맞이하기도 합니다.

귀가라는 상황에서는 '돌아오는 사람'과 '맞이하는 사람'이 있어서 '돌아오는 사람'→'맞이하는 사람'의 방향으로 '다녀왔습니다', 그 역방향으로 '잘 다녀왔어요?'라고 말합니다. 그러나 자폐 스펙트럼 아동들의 경우, 사람이 2명 있고, '다녀왔습니다'와 '잘 다녀왔어요?'라는 2종류의 말을 한다는 것까지만 이해합니다. 사람들 사이의 관계를 이해하지 못하여 말의 방향을 알 수 없는 것입니다.

말의 방향은 눈에 보이는 것이 아닙니다. 그러나 대다수 아동들은 이것을 배우지 않아도 본능적으로 알아차릴 수 있습니다. 자폐 스펙트럼인들은 이것을 본능적으로는 알아차리지 못합니다.

이렇게 상대적 관계를 이해하기 어려워한다는 특징은 성인기까지 지속됩니다. 그 무렵쯤 되면 '다녀왔습니다' 정도의 인사는 헷갈려하지 않게 되지만, 좀 더 미묘한 관계를 이해하는 것이 어려운 듯합니다.

대학생 D는 졸업 논문 지도를 위한 약속을 잡으려고 지도 교수에게 전화를 했다가 "지금 바쁘니까 1시간 후에 다시 전화하게"라는 대답을 들었습니다. 그 말대로 1시간 후에 다시 전화를 했더니 지도 교수가 "아까는 실례했네"라고 하여 D는 "괜찮습니다. 신경쓰지 않아도 돼요"라고 대답했습니다.

    이 대화를 읽고 여러분은 어떻게 생각하셨나요? D는 교수에게 들은 대로 전화를 다시 걸었고, 전화에서는 교수에게 존댓말도 사용했습니다. 그럼에도 불구하고 D의 발언은 학생이 지도 교수에게 할 말로는 실례에 해당되는 것을 눈치 채셨나요?

    '신경쓰지 않아도 돼요'라는 말은, 실례한 것을 마음에 두고 있을 사람에 대해 상대방이 사용하는 표현이지만 보통 이 말을 하는 사람 쪽이 윗사람, 또는 무엇인가를 부탁받는 입장에 있습니다. D와 지도 교수의 입장은 반대에 해당됩니다. 이 경우, 교수가 '실례했네'라고 하면 학생은 '아닙니다'라는 뜻으로 대답하는 것이 통례입니다.

    이렇게 두 명 이상의 사람이 있는 경우에는 각자의 사회적 입장에 따라 사람들 사이에 상대적 관계가 발생하고, 그에 따라 주고받는 말의 용법도 달라지게 됩니다. 이것은 암묵적 규칙이며, 대다수 사람들은 특별히 학교에서 배우지 않는데도 직감적으로 체득하는 것입니다.

    만일 이 대화가 이상하다고 직감적으로 느껴지지 않는다면 당신도 자폐 스펙트럼의 특성을 가지고 있을 가능성이 있습니다.

4. 병존하기 쉬운 정신적·신경적 문제

자폐 스펙트럼은 단독으로 생기는 경우와 다른 문제를 함께 갖는 경우가 있습니다. 자폐 스펙트럼과 병존하기 쉬운 것들을 들어 보겠습니다.

지적 장애

'지적 장애'는 의학 용어로는 '정신 지체'라고도 합니다. 아동기부터 전반적 지능 발달이 늦고 성인기 이후에도 지적 수준이 표준보다 낮은 상태에 머물며, 그로 인해 생활에 지장을 초래할 때 지적 장애라고 진단합니다.

지적 수준의 지표로, 지능 검사에서 산출된 지능 지수(IQ)가 흔히 이용됩니다. 지능 검사의 종류에 따라 약간의 차이는 있지만, 대다수의 지능 검사는 다수의 사람들이 실행했을 때의 평균치가 IQ 100이 되도록 만들어졌습니다.

전문적인 통계학 용어입니다만, 평균치보다 표준 편차가 2 이상 낮은 것(이론상 인구의 2.5% 정도)을 지적 장애의 기준으로 하고 있습니다. 다만 IQ의 이론적인 인구 분포는 염색체 이상 등에 의한 지적 장애인들을 포함하지 않고 설정되기 때문에 실제 지적 장애인들은 3%에 약간 못 미치는 것으로 상정됩니다.

1980년 경까지 자폐인들의 대부분은 지적 장애를 함께 가진 것으로 생각되었습니다. 그러나 IQ가 낮지 않은 자폐인들이 상당수 존재한다는 것이 서서히 밝혀지게 되었습니다. 게다가 자폐증의 특징이 약한 그룹도 자폐 스펙트럼에 포함시켜 생각하게 되자, 지적 장애가 없는 사람들 쪽이 오히려 대다수를 차지한다는 인식이 일반적이 되어 가고 있습니다.

한편 지적 장애인들을 놓고 보면, 지적 장애 정도가 무거울수록 자폐증의 특징을 갖는 사람의 비율이 증가한다는 것이 1970년대 후반부터 지적되었습니다.

발달 장애의 조기 치료교육 현장에 오랫동안 머물며 상세히 관찰을 했더니 적어도 중등도(대략 IQ 50 미만)의 지적 장애가 있는 사람은 거의 모두가 다소라도 자폐 스펙트럼의 특징이 있다고 봐도 될 것 같습니다. 경도(대략 IQ 50~70 정도) 지적 장애가 있는 사람들 사이에서는 IQ가 향상됨에 따라 자폐 스펙트럼의 특징을 갖는 사람의 비율이 감소한다고 생각되지만 그래도 과반수는 자폐 스펙트럼의 특징이 전혀 없다고는 할 수 없습니다.

이렇게 생각하면 아동의 정신과적 장애에 관해 지적 장애를 중심으로 만들어져 온 종래의 복지 정책을 이제부터는 자폐 스펙트럼 중심으로 새롭게 구상할 필요가 있습니다. '자폐 스펙트럼 아동 가운데 일부에게 지적 장애도 나타난다'라는 틀에서 말입니다.

학습 장애(LD)

'학습 장애(LD)'란 그 사람의 전반적 지능 수준에 비해 글을 읽고, 쓰고, 계산하는 학습 행동 중 특정 부분(중복될 수도 있음)만 대단히 뒤떨어져 있는 상태입니다. 다만, 학교에 다니지 못했다는 등 열악한 환경에서 자란 것이 요인이라고 생각되는 경우에는 학습 장애라고 진단받지는 않습니다.

전반적 지능을 측정하는 지능 검사에서는 많은 항목이 구두 질문을 듣고 구두로 대답하는 형식을 취합니다. 서면으로 된 것을 읽고 필기로 답하는 설문은 없습니다. 학습 장애를 가진 사람은 이런 지능 검사에 비교해 서면상의 질문을 읽고 필기로 대답하는 것이나 숫자로 된 문제를 푸는 것에 약합니다. 자폐 스펙트럼의 특징과 학습 장애의 특징은 잘하는 영역과 못하는 영역의 패턴이 다른 것으로 구별됩니다.

자폐 스펙트럼 장애에서는 청각 정보보다 시각 정보에 대한 지향성이 강하므로 보통 음성 언어보다 문자 언어 쪽에 강합니다. 또한 숫자처럼 디지털이면서 명확한 정보를 좋아하는 사람이 많은 듯합니다. 반면에 말로 듣기만 해서는 감이 잡히지 않는데, 원래 말로 된 대화만으로 애매하게 이야기를 하는 잡담에는 아주 취약합니다.

학습 장애는 읽기, 쓰기, 계산 중 어느 것이 약한 반면, 말로 하는 대화에는 강하며 잡담 등의 대인 관계도 문제가 없습니다.

자폐 스펙트럼의 특징과 학습 장애의 특징을 함께 가지는 경우도 있습니다. 이 경우 어느 쪽의 입장에서 보아도 특징이 전형적이지는 않기 때문에 판단이 어려워집니다. 대인 관계의 특징이나 변화를 좋아하지 않는 특징 등에서 자폐 스펙트럼에 해당하는 경우,

그 사람의 전반적 지적 수준에서 기대되는 읽기, 쓰기나 계산 수준은 같은 지능의 일반인들보다도 약간 높습니다.

가령 IQ 100 이상에 자폐 스펙트럼의 특징만 가지고 있는 아동의 경우, 3세 무렵에는 히라가나와 가타카나(이상 둘은 일본 문자 - 옮긴이), 숫자, 때로는 알파벳 대문자 정도까지는 읽을 수 있는 경우가 드물지 않습니다. 따라서 IQ 100 이상인 자폐 스펙트럼 아동의 경우, 5세에 아직 글을 읽지 못하는 경우에는 '자폐 스펙트럼치고 읽기가 현저히 약한지도 모르겠군' 하고 생각합니다.

수학도 마찬가지입니다. 자폐 스펙트럼 아동의 경우 기계적 기억력은 좋기 때문에 IQ 100 이상인데 초등학교 2학년이 구구단을 외지 못하는 경우는 학습 장애의 병존이 의심됩니다.

주의력 결핍 과잉행동 장애(ADHD)

'주의력 결핍 과잉행동 장애(ADHD)'란 과잉행동(진정하지 못하고 언제나 몸 어딘가를 움직이고 있어서 가만히 있기 힘든 것), 충동적(무슨 생각이 떠오르면 깊이 생각하지 않고 즉시 행동으로 옮김), 부주의(산만해지기 쉬움, 부주의로 실수를 저지르거나 물건을 두고 오는 일이 많음) 같은 특징이 유아기부터 나타나게 되고 학령기 이후에도 지속되는 상태입니다.

자폐 스펙트럼 장애의 정의는 대인 관계의 문제와 집착이며, ADHD의 정의와는 개념상 중복되지 않습니다. 그런데 자폐 스펙트럼인들도 유아기부터 학령기에 걸쳐, 대인 관계에 흥미가 없는

데도 집단 활동에 참가시키면 다른 것에 정신이 팔려서 집단 활동에 참가하지 못하고 자리를 이탈해 버립니다. 이것이 ADHD인 사람들의 과잉행동과 구별이 어려울 때가 흔히 있습니다.

또, 그 자리에서 부여된 활동에 전혀 흥미를 갖지 못할 때 자폐 스펙트럼인들은 집중력이 크게 떨어집니다. 이것이 ADHD인 사람들의 부주의 증상과 비슷합니다. 그러나 흥미가 없는 활동을 하고 있을 때는 다동에다 주의 산만이라도 흥미가 있는 활동을 할 때는 열중해서 집중력을 발휘하는 경우에는 ADHD가 아니라 자폐 스펙트럼이라고 판단할 수 있습니다.

그런데 자폐 스펙트럼인들 중에는 ADHD 증상도 함께 가진 사람이 상당히 존재합니다. 이런 경우의 판단은 매우 어려울 수도 있습니다. 자폐 스펙트럼이라고 생각되는 대인 관계의 특징을 보이지만 집착하는 특성은 약한 경우, 혹시 ADHD의 병존이 아닌가 의심해 볼 수도 있습니다.

집착하는 대상에 대해서는 강한 집중력이나 기억력을 발휘하는 것이 자폐 스펙트럼의 특징이지만, ADHD가 병존하면 다동이나 주의 산만의 특징이 함께 나타나므로 본래의 자폐 스펙트럼에서 예상되는 수준의 집중이나 기억은 불가능할 수도 있습니다.

수면 이상

자폐 스펙트럼인들 중 일부에게서 수면 이상이 두드러지기도 합니다. 유아기부터 수면 리듬이 매우 불규칙적이고 좀처럼 잠들지 못하는 경우(입면 장애), 겨우 잠들어도 밤중에 깨서 그대로 아침까지 일어나 있는 경우(수면 유지 장애), 오후 어중간한 시간에 잠드는 경우 등의 문제가 있는 사람을 임상에서 때때로 경험하게 됩니다.

수면 이상 그 자체는 자폐 스펙트럼과 관계가 없는 듯하지만, 자폐 스펙트럼 아동에게 수면 이상이 있으면 밤에 안 자고 집 안을 돌아다니기 때문에 가족도 잠을 잘 수 없는 등의 이유로 생활 전체가 흐트러질 수 있습니다.

자폐증 특징이 강한 사람이 수면 이상이 있을 때, 보통의 수면 유도제(벤조디아제핀 계통이 주류)가 듣지 않는 경우가 많습니다. 복용을 해도 오히려 더 활동적이 되거나, 마치 술 취한 어른이 흥청거리는 상태와 비슷하게 되는 경우도 있습니다.

자폐 스펙트럼인들의 수면 이상(입면 장애나 수면 유지 장애)에는 항정신병약 계통의 약 일부(레보메프로마진이나 리스페리돈 등)를 극소량 복용하는 것이 유효한 경우가 많은 듯합니다. 또한 밤낮의 주기를 조절하는 호르몬인 멜라토닌 작용을 돕는 약(라멜테온)이 자폐 스펙트럼인들의 수면 리듬 이상에 효과가 있을 수 있습니다.

뇌전증

자폐증의 특징이 강하고 지적 장애가 병존하는 사람에게서는 뇌전증이 합병증으로 나타나는 경우가 많다고 알려져 있습니다. 이 점이 '자폐증은 부모의 양육 방식에 의한 심인 반응이 아니라 뇌의 생물학적 특징으로 인한 것이다'라는 점을 보여 주는 하나의 증거가 되었습니다.

전형적인 자폐증의 경우에서는 일생 동안 한 번이라도 뇌전증을 일으키는 사람이 20~30%가 된다는 보고가 많습니다. 지적 장애를 동반한 자폐인에게 많고, 지적 장애가 없는 사람이나 자폐증의 특징이 약한 자폐 스펙트럼인에게서는 비율이 낮게 나타납니다.

또한 증상이 발생하는 연령에 2개의 정점이 있다는 특징이 있습니다. 일반적으로는 첫 뇌전증 발작은 유아기까지의 기간에 생기는 경우가 많지만, 자폐인의 경우 유아기에 뇌전증이 생기는 사람들 외에 사춘기가 되어 발작을 일으키는 사람들도 있습니다. 왜 이 시기에 처음으로 발작을 일으키는지는 아직 알려져 있지 않습니다.

5. 발생하기 쉬운 2차적 문제

자폐 스펙트럼인들은 성장하면서 생활 환경에서 받는 다양한 심리적 스트레스에 대해 반응을 일으키기 쉽습니다. 자폐 스펙트럼 본연의 특징이 아닌, 생활 환경에서 오는 심리적 스트레스에 의해 2차적으로 생기기 쉬운 문제를 소개하겠습니다.

괴롭힘 피해

대인 관계가 서툴고 자기 주장이 강한 점 등의 특징은 사춘기 전후 괴롭힘을 당할 위험 요소가 됩니다.

분위기 파악을 못 해서 괴롭힘을 당할 것이라고 생각하기 쉽지만, 자폐 스펙트럼의 특징이 강해서 전혀 분위기 파악을 못 하는 사람은 괴롭힘을 당하고 있다는 것도 깨닫지 못합니다. 오히려 어느 정도 분위기 파악을 하고자 하는 자각이 있는 사람 쪽이 열심히 분위기 파악을 하려고 하는데 잘못 파악하고, 그것을 사람들이 놀리는 것을 깨닫고는 '다들 나를 괴롭힌다'고 생각하는 경우가 많습니다.

등교 기피, 등교 거부

학교에 갈 의욕이 어떤 이유에서 저하되면 등교 기피나 등교 거부 상태가 됩니다. 학교에 갈 의욕을 부여하는 요소는 다양하지만 수업을 받고 싶은 욕구, 친구와 어울리는 즐거움, 특별 활동 참가 등이 주요한 동기가 됩니다. 이들 중 어딘가에 균열이 생기면 등교 의욕이 저하됩니다.

자폐 스펙트럼인들은 다른 사람들이 보기에는 하찮은 일이 계기가 되어 등교 의욕이 저하되기도 합니다. 예를 들면 자기가 직접 야단맞지도 않았는데, 담임 선생님이 다른 학생을 혼내는 모습이나 말에 충격을 받아 다음날부터 등교하지 않게 된 사람도 있습니다.

은둔형 외톨이

등교 기피나 등교 거부에 적절히 대처하지 못하여 증상이 심해지면 은둔형 외톨이가 되는 경우가 있습니다. 이것은 학교와 같은 특정한 장소에만 가지 않는 상태와는 달리, 집에서 거의 한 발짝도 나가지 않게 되는 상태입니다. 가족과도 필요상 최소한의 의사소통밖에 하지 않는 경우도 있습니다.

신체적 증상

지속적으로 스트레스를 받음으로써 가장 나타나기 쉬운 것은 신체적 증상입니다. 두통, 복통, 오심, 두근거림, 원형 탈모 등 증상은 다양합니다. 몇 가지 증상이 복합적으로 나타날 수도 있습니다.

틱 증상

자폐 스펙트럼인들에게는 스트레스가 심해질 때 틱 증상이 나타나는 일이 흔히 있습니다. 돌발적으로 신체 일부를 움직이거나 음성을 내는 현상으로, 전자를 '운동 틱', 후자를 '음성 틱'이라고 합니다. 운동 틱과 음성 틱이 복합적으로 지속되는 경우를 '뚜렛 증후군'이라고 하며, 이것도 자폐 스펙트럼인에게 나타날 수 있습니다.

우울증

자존감 저하, 의욕 저하, 비관적, 집중력 저하, 쉽게 피로해짐, 수면 이상(숙면하지 못하거나 낮과 밤이 뒤바뀜) 등이 복합된 상태입니다. 그 가운데에는 살아 있어 봐야 소용없으니 죽어 버리고 싶다는 마음이 나타날 수도 있습니다. 우울증 상태가 되어 의욕이 저하되기 때문에 자폐 스펙트럼 특유의 집착조차 눈에 띄지 않게 되는 경우도 있습니다.

적응 장애

명백한 스트레스 요인이 있고, 그것을 계기로 정서적으로 불안정한 상태나 우울한 상태가 지속됩니다. 두통, 오심, 두근거림 등 신체적 증상이 나타날 수 있습니다.

불안

강한 불안, 초조, 공포감, 긴장감이 나타나는 외에 발한, 두근거림, 빈맥, 흉통, 두통, 설사 등과 같은 신체적 증상이 나타날 수 있습니다. 특히 가시지 않는 막연한 불안이 계속되는 '범 불안장애'나 대인 관계에서 현저한 불안을 느끼는 '사회 불안 장애'가 자폐 스펙트럼의 2차적 문제로 자주 나타납니다.

강박성 장애

불쾌감이나 불안감을 동반하는 특정한 생각이 머릿속에 떠올라서 떠나지 않는 '강박 관념'이나 이런 생각을 떨쳐 버리기 위해 특정 행동을 반복하는 '강박 행동'이 지속되는 상태입니다. 예를 들면 불결하지 않을까 하는 생각이 머릿속에서 떠나지 않아서 몇 번이고 손 씻기를 반복하는 등입니다.

자폐 스펙트럼의 집착과 비슷하지만, 강박 관념이나 강박 행동에서는 그 불쾌감이나 불안감이 합리적이지 않다는 것을 본인이 자각하고 있음으로써 괴로움을 느낀다는 점에서 집착과 구별됩니다. 자폐 스펙트럼인들의 집착이 성장과 더불어 고통을 동반하는 강박 증상으로 이행되는 경우도 있습니다.

외상 후 스트레스 장애 (PTSD)

매우 강한 충격적 체험에 의해 마음에 상처를 입고, 그 후 다양한 정신적 증상이 지속되는 상태입니다. 불안, 공포감, 무력감이 지속되고 불쾌한 체험을 상기시키는 대상을 회피하게 되고, 불면이나 집중력 저하 등 과각성 상태를 보입니다. 충격적 체험을 했던 기억이 어떤 계기로 갑자기 선명하게 기억이 되살아나는 '플래시백'이라는 현상이 나타나는 것도 특징입니다.

일반인들에게는 정말 별것 아니라고 생각되는 일이라도 자폐 스펙트럼인들에게는 싫은 기억으로 남아 잊지 못하는 경우가 있습니다. 그 일이 일어난 당시에는 그다지 고통을 표현하지 않았는데, 몇 년이나 지나고 나서 그때 기억을 괴로워하며 갑자기 떠올리고는 강한 불안이나 패닉 상태를 보이는 일이 있습니다. 이 현상을 발달 장애 연구로 유명한 스기야마 도시로 박사는 **'타임 슬립 현상'**이라고 명명했습니다.

피해 의식

자폐 스펙트럼의 심리학적 과정을 설명하는 가설에 **'마음 이론 가설'**이라는 것이 있습니다. '마음 이론'은 다른 사람의 생각이나 기분을 추론하는 능력을 의미하는 것으로, 이것이 제대로 발휘되지 않는 것이 자폐증의 특징이라고 합니다.

전형적 자폐증에서는 다른 사람의 생각을 전혀 추론하지 않지만, 자폐 스펙트럼의 특징이 약한 사람은 학령기 이후가 되면 다른 사람의 마음을 조금씩 이해하게 됩니다. 그러나 명확하게 알지는 못하기 때문에 자주 오해를 합니다. 그 오해하는 방식이 '사람들이 나를 바보 취급하고 있어'라는 피해 의식의 형태를 띠는 경우가 있습니다. 불쾌한 경험을 많이 해 온 사람에게서 이런 경향이 강하게 나타나는 것으로 보입니다.

제3장
선 긋기 어려운 자폐 스펙트럼의 경계

제3장
선 긋기 어려운 자폐 스펙트럼의 경계

1. 장애인가, 개성인가?

'자폐 스펙트럼'과 '자폐 스펙트럼 장애'

이 책에서는 지금까지 '자폐 스펙트럼'이라는 말과 '자폐 스펙트럼 장애'라는 말을 특별히 설명도 없이 구분해서 사용했습니다. 그런데 사실은 양자의 의미가 다릅니다. 이 점이 종래의 발달 장애 관련 책에서는 별로 이야기되지 않았던 부분입니다.

저는 아이들 때문에 상담하러 온 부모님들로부터 "우리 아이는 장애입니까, 아니면 개성입니까?"라는 질문을 받습니다. 매우 대답하기 어려운 질문입니다. '자폐 스펙트럼'이라는 진단을 내리면 "진단이 나온다는 것은 장애라는 거네요"라며 매우 낙담하는 분이 있거나 "부모인 저도 어릴 때는 그랬으니까 이 아이가 자폐 스펙트럼이라면 저도 그런 거네요. 하지만 저는 장애인은 아니거든요. 그러니 이 아이는 자폐 스펙트럼 같은 건 아니지요"라고 말하는 분도 있습니다. 이런 반응이 나오는 것은 '진단'과 '장애'의 관계를 혼동하기 때문입니다.

진단이란 공통된 특징을 갖는 의학상의 유형에 해당된다고 판단하는 것입니다. 진단을 확정하기 위해서는 확정할 유형이 존재해야 합니다. 유형은 누가 보더라도 단순 명료한 것에서부터, 전문가조차 확정하기 어려운 복잡한 것에 이르기까지 다양합니다.

가령, 베인 상처(의학적으로는 '창상')는 의사가 아니어도 진단을 이해할 수 있습니다. 한편, 고혈압인 경우에는 배후에 있는 병의 증상 가운데 하나로 혈압이 높아졌을 가능성이 있기 때문에 그것이 무엇인지 살펴볼 필요가 있습니다. 다른 병의 증상 가운데 하나로 고혈압이 있을 가능성도 있고, 다른 원인이 발견되지 않는 '본태성 고혈압'이라는 진단명도 있습니다.

여기서 주의해야 할 것은 진단이 되는 것과 병이라는 사실이 반드시 일치하지는 않는다는 것입니다. 진단이란 의학상의 유형에 해당된다는 판단이라고 앞서 말했습니다. 신체 의학에서 의학상의 유형은 '생물학적 특징'에 의해 정해지지만, 그것이 모두 '병'이라고 볼 수만은 없습니다.

예를 들면 혈액형은 명백한 '생물학적 특징'이며, 혈액형이 다른 사람끼리 수혈을 하면 위험한 경우가 있습니다. 하지만 그렇다고 해서, 가령 혈액형 가운데 낮은 비율인 AB형을 가진 것을 '병'

이라고 생각하는 사람은 없습니다.

또한 어떤 병으로 진단을 받았다고 해서 그것이 '장애'라는 법은 없습니다. 가령 찰상이나 고혈압으로 진단받은 사람도 그것과 관련하여 '장애'가 있다고는 보지 않는 것이 보통입니다.

그러면 왜 자폐 스펙트럼에 대해서는 '진단'과 '장애'를 혼동하기 쉬울까요? 이것을 이해하기 위해서는 '장애'라는 말 자체에 관해 조금 이해를 심화시킬 필요가 있습니다.

일본어의 '장애(한자로 장해 障害 라고 쓴다 - 옮긴이)'에 해당되는 단어를 영어에서 보자면 10개 이상 있습니다. 이것들을 대강 분류하면 ①생물학적으로 이상이 있는 것, ②제대로 기능하지 못하는 것, ③생활에 지장이 있는 것, 이 세 가지로 분류됩니다. 교통사고로 척수가 손상되어 신체장애를 가지게 된 경우를 예로 들어 생각해 봅시다.

①의 '생물학적으로 이상이 있는 것'이란 사고로 척수에 손상을 입은 것을 말합니다. ②의 '제대로 기능하지 못하는 것'이란 ①에 의해 하반신을 움직일 수 없는(일어서지 못하거나 걷지 못하는 등) 상태입니다. ③의 '생활에 지장이 있는 것'이란 ②에 의해 누군가(또는 무엇인가)의 도움 없이는 혼자서 이동할 수 없어 일이나 일상생활을 제대로 할 수 없는 것입니다.

영어에서는 이것들에 해당되는 단어가 각각 따로 있지만 일본어에서는 '장애'라는 단어밖에 없습니다. 그래서 혼동하기 쉽습니다.

여기에다 더욱 이야기를 복잡하게 만드는 것이 현재의 정신 의학 진단 분류입니다.

국제적인 진단 분류의 하나인 '정신 질환 진단 및 통계 편람(The Diagnostic and Statistical Manual of Mental Disorders=DSM, 일본에서는 '정신 장애 진단 및 통계 편람'으로 번역하여 사용하고 있다)'에서는 예전에 '정신병'이라고 불렸던 것이 지금은 편람의 명칭에서도 보이듯이 '정신 장애'가 되었습니다. 여기에 포함되는 모든 분류명은 '○○ 장애'라는 명칭으로 통일되었습니다. 이것도 일본어에서는 '장애'입니다.

영어의 'disorder'는 'order'(질서가 잡혀 있는 상태라는 뜻)에 부정 접두사 'dis-'가 붙은 단어로, '질서가 흐트러진 상태'라는 의미입니다. 이 'disorder'는 앞서 장애의 세 가지 분류 중 어디에 해당되는지 사실 애매합니다. 왜냐하면 정신 장애 유형의 다수가 '생물학적 이상', '기능의 이상', '생활의 지장' 가운데 어디에 해당되는지 애매하여, 신체 장애와 같이 확실하게 정리되지 않기 때문입니다.

행정 용어로서의 '장애'

일본어에서 '장애'라는 단어가 어떤 의미에서 가장 제대로 사용되는 곳은 법률이나 행정 문서입니다. 복지 관련 법률에서는 '장애'라는 말이 자주 나옵니다. 장애가 있는 사람을 대상으로 한 법률도 있고, 그 법률에 따라 각종 제도나 행정 서비스가 편성됩니다.

이들 제도나 행정 서비스의 대상이 되는 '장애인'이란 신체장애, 지적 장애, 정신 장애 가운데 본인에게 해당되는 장애자 수첩을 교부받은 사람을 지칭합니다. 덧붙여 말하면, 발달 장애인들이 복지 제도를 이용할 때 지적 장애나 정신 장애 관련 제도를 이용하게 됩니다.

이렇게 행정상 '장애'는 장애자 수첩을 교부받기 위한 조건을 충족시키는 상태, 즉 신체, 지적 능력, 정신 상태 중 어느 부분에서 기능 이상으로 인해 자립하여 사회에 참여하기 어렵고, 돌봄 등 어떤 형태의 지원을 필요로 하는 상태를 가리킵니다. 어느 정도의 지원이 필요한지에 따라 장애 등급이 판정되는 시스템입니다.

즉, 행정 용어로서의 '장애'는 전술한 세 가지 분류로 말하자면 세 번째인 '생활의 지장'을 가리킵니다. '생활의 지장'은 의학적 개념이 아니라 사회학의 개념입니다.

이야기가 좀 옆길로 새긴 하지만, 예전에 성인 남성복의 JIS(일본 공업 규격)에서는 키 160~170㎝가 M 사이즈였습니다. 그런데 1996년에 규격이 개정되어 현재의 M 사이즈는 키 165~175㎝입니다. 이것은 성인 남성의 평균 신장이 달라진 것에 따른 것입니다.

독립 행정 법인 국립 건강 및 영양 연구소의 조사 자료에 따르면 20세 남성의 평균 신장은 1970년 조사에서는 165.9㎝였던 것이, 1980년 이후 조사에서는 170~173㎝를 유지하고 있습니다. 원래 성인 남성의 평균치를 대략 중간으로 잡고 앞뒤로 5㎝를 M 사이즈로 설정했는데, 시대가 변해 평균치가 5㎝ 늘어난 것에 맞춰 규격도 개정된 것입니다.

그런데 저는 키가 164㎝입니다. 1996년 이전에는 M 사이즈가 딱 맞았는데, 그 이후에는 M 사이즈라면 너무 크고 S 사이즈가 딱 맞게 되었습니다. 하지만 S 사이즈는 수량이 적고, 들여놓는 가게가 적습니다. 예전에 비해 맞는 사이즈의 옷을 고르는 데 제한이 생긴 것입니다.

고작 옷에 관한 것이기는 하지만, 이것도 일종의 '생활의 지장'입니다. 이렇게 신장이라는 개인의 의학적 상태는 변하지 않아도 사회적 요인의 변화에 의해 생활의 지장이 생길 수가 있습니다.

행정상 '장애' 중 하나인 지적 장애를 들어 생각해 봅시다.

지적 장애 판정의 근거가 되는 것은 지능 지수(IQ)입니다. IQ는 좀 거칠게 표현하면 많은 사람들로부터 얻은 데이터의 평균치가 100이 되도록 만들어졌습니다. 당연히 IQ 100 전후인 사람이 가장 많고, 그 이상인 사람도 이하인 사람도 100에서 멀어질수록 숫자가 적어집니다. 검사법에 따라 다소 차이가 있지만 IQ 70 이하가 인구의 2.5% 정도인 것으로 상정됩니다.

현행 제도에서는 자치 단체마다 기준이 다릅니다만, 약간의 오차를 상정해서 IQ 75 정도를 기준으로 하여 그 이하면 지적 장애로 판정하는 자치 단체가 많은 듯합니다(한국에서는 IQ 70 이하면 지적 장애로 분류된다 - 옮긴이). 이렇게 지적 장애는 평균적인 사람들에게서 크게 벗어난다는 것을 근거로 '장애'라고 판정하는 시스템입니다.

평균치와의 상대적 관계로 선을 그어 장애 판정을 하는 것은 지적 장애가 극히 인위적으로 정해졌다는 것을 뜻합니다.

IQ 74인 사람은 IQ 100인 사람들이 금방 이해할 수 있는 것도 얼른 감이 잡히지 않아서, 가령 학교에서 똑같은 교과 과정의 수업을 받으면 따라가기 힘듭니다. 하지만 IQ 78인 사람과는 그다지 차이가 없습니다. IQ 74인 사람보다 4가 높다는 것은 지능 검사에서는 그야말로 극소수 질문에 제대로 대답했는지 못 했는지의 차이밖에 없습니다.

그래도 IQ 74이면 지적 장애로 판정되고 IQ 78이면 그렇지 않기 때문에 똑같이 생활에 지장이 있어도 '장애'라고 판정되는 경우와 그렇지 않은 경우가 생깁니다.

IQ 70~80대는 '경계성 지능'이라고 불립니다. 경계성 지능 수준인 사람들은 평균치 전후인 사람들에 비하면 일상생활의 다양한 상황에서 이해가 느리기 때문에 사람에 따라서는 생활에 지장을 느낍니다.

또한 학교 교육 현장에서는 이들 대부분이 현행 교과 과정을 따라가는 것이 어렵습니다. 현대의 고학력 사회에서 경계성 지능을 가진 사람들은 예전보다 생활에 지장을 느끼기 쉽게 되었다고 생각됩니다. 그럼에도 불구하고 현행 제도에서는 아무런 대책도 마련해 주지 않기 때문에 다양한 정신적 문제를 드러내기 쉽습니다.

'비장애 자폐 스펙트럼'

이제 자폐 스펙트럼 이야기로 돌아가겠습니다.

제가 부모님들로부터 "자폐 스펙트럼이라는 말은 그러니까 우리 아이가 장애라는 것입니까?"라는 질문을 받는 경우에 대체로

'우리 아이는 장애인으로 간주되는 겁니까?'라는 의미라고 생각합니다. 장애인 수첩 제도에 대해 알고 있는지 여부를 논외로 한다면, 수첩을 교부받아 장애인 복지 제도의 대상이 되는 상태인지 어떤지를 알고 싶다는 의미가 포함되어 있는 것으로 생각됩니다.

즉, 부모님들은 의학적 유형인 '자폐 스펙트럼'과, 생활에 지장이 있는 장애인으로서 복지 서비스의 대상이 된다는 것을 같은 의미로 받아들이기 쉽다고 할 수 있습니다.

이 점에 관해 이제까지 전문가들은 제대로 정리하려고 하지 않았습니다. 오히려 전문가 스스로 얼마간 혼동했던 것으로 생각됩니다. 저는 이 문제에 대해 "자폐 스펙트럼은 장애가 되는 경우와 되지 않는 경우가 있다"고 설명합니다.

1장에서 소개한 A 씨와 B 씨는 자폐 스펙트럼이지만 장애인 수첩을 교부받지 않고 사회인으로 자립했습니다. 이렇게 자폐 스펙트럼이지만 장애는 아닌, 즉 '**비장애 자폐 스펙트럼**'이라는 상태가 있습니다.

현재 전문가들은 자폐 스펙트럼인과 그렇지 않은 사람 사이에는 어떤 생물학적 차이가 있을 것이라는 점에 일치된 의견을 보입니다. 따라서 '자폐 스펙트럼'이라는 것은 의학적 유형입니다. 그러나 이미 말했듯이, 제도상의 '장애'는 사회학적 개념입니다. 그러므로 의학적으로는 자폐 스펙트럼이지만, 사회학적으로는 장애가 아닌 사람들이 존재하는 것이 당연합니다.

좀 더 덧붙이면, 앞서 말한 혈액형 AB형의 예와 마찬가지로 생물학적으로 다수 사람들과 다른 소수자라고 해서 '병'이라고 볼 필요가 없습니다. 자폐 스펙트럼이란 '인종' 또는 '종족'에 가까운 개념이 아닐까 생각합니다. 예를 들면 인종 간에 피부색이 다른 것은 생물학적 차이입니다. 하지만 피부색이 다르다고 해서 그것이 병이나 장애라고는 아무도 생각하지 않습니다.

그러면 자폐 스펙트럼인들 가운데 제도상의 '장애'로 간주해야 할지 여부를 어떻게 판단하면 좋을까요? 개인적인 의견이지만 저는 다음과 같이 생각합니다.

자폐 스펙트럼인들 가운데에도 자폐의 특징이 강한 사람과 약한 사람이 있습니다. 자폐의 특징이 너무 강하면 생활에 지장을 크게 받고, 복지 지원이 필요하게 됩니다. 그런 사람들이 '**자폐 스펙트럼 장애**'입니다.

그러나 장애로 간주해야 할 사람들 가운데에는 그것과 약간 다른 집단이 있습니다. 자폐 특징은 강하지 않지만 자폐 스펙트럼 본래의 특징 이외에 우울증이나 불안 장애 등 정신적 문제가 병존하기 때문에 생활에 지장을 받는 사람들입니다. 물론, 자폐의 특징이 강한 데다가 다른 문제가 병존하는 사람도 있기 때문에 생활상의 어려움이 겹치기도 합니다

이것을 그림으로 나타낸 것이 그림 2입니다. 자폐 특징이 강해서 생활에 지장이 생기는 집단은 '좁은 의미의 자폐 스펙트럼 장애(a+b)', 여기에 병존 문제로 인해 생활에 지장이 있는 집단을 합한 것이 '넓은 의미의 자폐 스펙트럼 장애(a+b+c)'입니다. 지금 우리가

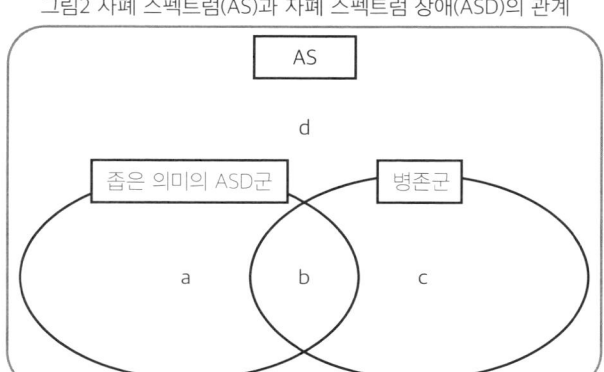

그림2 자폐 스펙트럼(AS)과 자폐 스펙트럼 장애(ASD)의 관계

'좁은 의미의 ASD군'과 '병존군'의 합집합(a+b+c)이 '넓은 의미의 ASD군', 그 외(d) 가 '비장애 자폐 스펙트럼'입니다.

보통 사용하고 있는 '자폐 스펙트럼 장애'는 이 넓은 의미의 용어입니다. 뿐만 아니라 그 주변에는 압도적으로 넓고 완만한 경사로된 '비장애 자폐 스펙트럼(d)' 집단이 존재합니다.

현재 일본의 법 제도에서 자폐 스펙트럼 장애는 지적 장애의 동반 여부에 따라 '지적 장애'나 '발달 장애' 중 하나로 분류가 됩니다. 그러나 비장애 자폐 스펙트럼은 원래 장애는 아니기 때문에 '지적 장애'에도 '발달 장애'에도 포함되지 않습니다.

스트레스를 받기 쉬운 자폐 스펙트럼인들

자폐 스펙트럼인들 가운데 좁은 의미의 자폐 스펙트럼 장애에 해당되는 사람들은 일정한 비율로 반드시 존재합니다. 그러나 다른 문제의 병존으로 인해 장애에 해당되게 된 사람들(이하 '병존군'

으로 표기)이 나타나는 현상은 사회적 요인에 좌우됩니다.

현대 사회, 특히 일본의 근래 상황은 언뜻 보기에 개성을 중시하고 있는 듯이 보이는 부분도 있지만, 사실은 다수파에서 밀려난 사람들을 차별하고 배제하려는 심리적 메커니즘은 오히려 강화되고 있습니다. 괴롭힘 현상의 심각화 등은 바로 그 상징이라고 할 수 있습니다.

그중에서도 '분위기 파악을 못 하는 사람'에 대한 비난이 심해지고 있습니다. 옛날에는 '남들이 뭐라고 말하든 자기 신념을 굽히지 않는다'는 것은 긍정적 평가였는데 요즘에는 그런 개성이 '분위기 파악을 못 한다'는 부정적 뉘앙스를 띤 평가로 변화하면서 차별이나 배제의 대상이 되는 경우가 많아졌습니다.

임기응변적 대인 관계에 잘 대응하지 못하고, 집착을 하기 쉬운 자폐 스펙트럼인들은 그런 차별이나 배제의 대상이 될 위험성이 높아집니다.

자폐 스펙트럼인들은 소수파 종족으로서 차별을 받고 있는 것과 마찬가지 상태에 놓여 있다고 할 수 있습니다. 특정 종족이 많이 사는 나라에서 다수파 종족의 가치관에 입각한 제도와 문화가 뿌리내리고 그 외의 것에 대해서 배타적인 풍조가 생기면 소수파 종족은 사회적으로 억압을 받습니다.

그 종족 특유의 문화를 유지하는 것은 그 종족 사람들에게는 건강한 생활을 유지하기 위해 불가결합니다. 그것이 제한되면 당연히 늘 심리적 스트레스를 받게 됩니다.

마찬가지로, 현대 사회에서 자폐 스펙트럼인들은 항상 심리적 스트레스를 받기 쉬운 상황에 놓여 있습니다. 그런 상황에 계속 놓여 있던 사람들이 병존군이 되어 자폐 스펙트럼 장애 그룹의 일부를 차지하고 있는 것입니다.

반대로 그런 스트레스를 피하거나, 스트레스를 받아도 잘 헤쳐 나갈 수 있었던 사람들은 자립적인 사회생활을 할 수 있습니다. 이들이 '비장애 자폐 스펙트럼'인들입니다.

자서전을 쓰지 않는 사람들만이 알려 주는 진실

어떤 장애이든 마찬가지이지만, 장애를 가진 당사자가 쓴 자서전은 그 장애를 이해하는 데 귀중한 자료가 됩니다. 자폐나 아스퍼거 증후군에 대해서도 그렇습니다. 1990년대에 템플 그랜딘(Temple Grandin)과 도나 윌리엄스(Donna Williams)라는 두 여성이 차례로 자서전을 낸 것을 시작으로 지금까지 실로 많은 자서전이 집필되었습니다.

그 전까지 자폐는 매우 심한 장애라고 여겨졌기 때문에 당사자가 자기 생각을 책으로 낸다는 것은 아무도 상상하지 못했습니다. 당사자의 내면에 대해 전문가는 그 행동을 보고 추측하는 것 외에 방법이 없었던 것입니다. 자서전에 의해 당사자가 스스로의 내적 세계를 이야기하기 시작함으로써 자폐에 대한 이해가 현저하게 깊어졌습니다.

그러나 자서전을 읽는다고 자폐 스펙트럼인들의 내면 세계를 충분히 이해할 수 있는가 하면, 사실 그렇지는 않습니다. 자서전을 기반으로 자폐 스펙트럼인들의 심리 상태를 분석할 때는 구두로든 서면으로든 그들이 말하는 단어와 그 단어에 기대어 나타나는 의미의 관계가 보통 사람과 같은 대응 관계에 있는지 여부를 잘 살펴봐야 합니다.

이제까지 자서전을 토대로 자폐 스펙트럼인들의 내적 세계를 논해 왔던 사람들은 그런 점에 관한 별다른 고찰 없이 자폐 스펙트럼인들의 말을 자신의 심리-언어적 대응 관계에 무조건적으로 집어넣고 '이렇게 말하고 있으니 이렇게 생각하고 있을 것'이라고 규정해 온 부분이 있다는 것에 주의해야 합니다. 실제로 자폐인들이 겉으로 하는 말과 그 배후에 있는 의도 사이에 일반인들과는 다른 대응 관계를 갖고 있을 수도 있습니다.

자서전을 읽을 때 한 가지 더 조심해야 할 것이 있습니다.

사람이 자서전을 쓸 때 그 동기는 인생의 다양한 국면에서 좌절을 체험했던 것이 힘의 원천이 되는 경우가 많습니다. 이것은 일반인도 마찬가지라고 생각합니다. 전 세계 몇 십억의 사람들 가운데 일생 동안 자서전을 쓰는 사람은 겨우 한 줌밖에 되지 않습니다. 평범하면서도 행복한 인생을 산 사람은 아마 굳이 자서전을 쓰려고 하지 않겠지요. 자서전을 쓰는 사람은 그때까지 체험한 힘든 기억, 여느 사람들과 다른 어려움을 글쓰기로써 극복하는 면이 있습니다.

자폐 스펙트럼이 아닌 사람이 자서전을 쓴 경우에 아무도 '자폐 스펙트럼이 아닌 사람은 이런 생각을 하고 있다'는 식으로 생각하지 않듯이, 자폐 스펙트럼인이 자서전을 썼다고 해서 그것이 자폐 스펙트럼인들 모두의 생각을 대표하고 있는지는 알 수 없습니다.

앞서 '비장애 자폐 스펙트럼'이라는 시각에 대해 썼습니다. 독자 여러분 가운데에는 어떤 영역에서 천재적인 능력을 발휘하는 사람들 가운데 자폐 스펙트럼인들이 포함되어 있다는 이야기를 들은 적이 있을지도 모르겠습니다. 그런데 자폐 스펙트럼인들은 자서전을 쓴 사람들처럼 매우 힘든 사회생활을 하거나 아니면 천재이거나 둘 중 하나이고 그 중간은 없을까요?

결코 그렇지 않습니다. 세상에는 평범하고 행복한 인생을 살아가는 자폐 스펙트럼인들이 많이 있습니다. 그들은 꼭 천재적 재능을 가진 사람들이나 대성공을 거둔 사람들은 아닐 수도 있지만, 생활 속에 소소한 즐거움이나 보람을 찾아 내면서 사회인으로서 충실한 인생을 살고 있습니다.

충실한 인생이기 때문에 자서전은 쓰지 않을지도 모릅니다. 자폐 스펙트럼인들 가운데 그런 사람들이 존재하더라도 여러분이 자서전만 검색하고 있으면 모르는 채 지나갑니다. 1장에서 소개했던 A 씨나 B 씨 같은 사람들을 통해서만 알 수 있는 진실이 있을지도 모릅니다.

조기 발견 후 성인기까지 지원을 받은 E 씨

요코하마 시 종합 재활 센터에서는 유아기에 조기 발견하여 그때부터 지원을 받기 시작한 아동들을 본인 측에서 중단하지 않는 한 계속 외래로 지원해 왔습니다. 담당 지역 아동들 중에 지원할 필요가 있는 경우에는 원칙적으로 모든 아동들이 재활 센터를 소개받기 때문에 치우침 없이 모든 아동의 지원을 해 왔습니다.

이곳에서 20년 전에 유아기부터 지원을 받기 시작했던 사람들이 현재 성인기에 이르렀습니다. 이제까지 자서전을 출판한 사람은 없습니다. 장애인 수첩을 가지게 되어 복지 지원을 받고 있는 사람도 많지만, 그중에는 복지 지원을 받지 않고 사회인이 된 사람들도 있습니다. 그들은 좋은 일도 나쁜 일도 경험하면서 평온하고 안정된 생활을 하고 있습니다.

그런 사람 가운데 한 사람으로, 세 살이 되기 조금 전부터 지원을 받고 현재 20대 중반이 된 E 씨라는 남성을 소개하겠습니다(개인 정보 보호를 위해 본질적인 특징을 바꾸지 않는 범위에서 프로필을 바꿨습니다).

E 씨는 고등학교 졸업과 동시에 전기 제조회사(장애인 특채는 아님)에 정사원으로 취업했습니다. 상사에게도 거침없이 문제를 지적하거나 의견을 내놓는 적극성 덕분에 좋은 평가를 받아 입사 5년차부터 후임 지도를 맡게 되었습니다. 후임 지도를 위해 컴퓨터 조작법 매뉴얼을 스스로 만들어 아주 좋은 평가를 받았다고 합니다. 교대 근무를 하기 때문에 직장 사람들과 바깥에서 어울릴 기회

는 적지만, 지도 담당이 되고부터는 일을 마친 후 후배들을 데리고 식당에 가서 밥을 사 주기도 한다고 합니다.

취미는 아키하바라에 가는 것으로, 소위 아키바 계(도쿄 아키하바라와 같은 변화가로 상징되는 이른바 '오타쿠' 문화 및 그것을 추구하는 사람들의 스타일 - 옮긴이) 아이돌 팬클럽에 가입했고 이벤트에는 반드시 참가하고 있습니다. 그 외에 집에서 시간이 나면 게임이나 CD 감상을 하며 지냅니다.

E 씨는 스스로도 사람을 잘 사귀지는 못한다고 생각하고 있지만, "못하는 것은 무리해서 하지 않고, 할 수 있는 것을 잘하면 된다고 생각한다"고 말합니다.

상사한테도 겁내지 않고 문제를 지적하거나 의견을 제시한다는 것인데, 자칫 다른 회사 같으면 묵살당할 수도 있습니다. 하지만 이 회사에서는 더할 나위 없이 좋은 평가를 받고 있습니다. 입사 5년차부터 후임 지도 담당이 되었고 승진도 순조롭습니다.

매우 좋게 평가받았다는 컴퓨터 조작법 매뉴얼도 본인은 "컴퓨터를 좋아해서 해 봤다"고 말할 뿐, 특별히 자랑하는 것도 아니고 당연한 일을 했을 뿐이라는 식입니다. 교대 근무제로 인해 직장 사람들과 바깥에서 어울릴 기회가 적은 것도 중요한 시사점일 수 있습니다. 사내에서 별로 깊은 인간관계를 맺지 않고 지낼 수 있으니까요.

E 씨는 세 살 때는 자폐 스펙트럼의 특징이 현저해서 '자폐증'으로 진단받았습니다. 어른이 된 현재, 자폐 스펙트럼의 특징은 상

당히 가벼워졌지만 그래도 아직 남아 있습니다. 하지만 E 씨의 현재 생활은 충실하며 결코 장애를 가졌다고는 할 수 없습니다.

성격은 온후하고, 화를 내거나 짜증을 내는 일은 거의 없습니다. 성인기 이전의 E 씨를 모르는 사람들이 보면 현재의 E 씨는 1장에서 소개한 A 씨나 B 씨와 같은 유형의 사람들과 아무런 차이가 없는 평범한 사람입니다.

맨처음에 A 씨와 B 씨를 소개했을 때, '이런 사람까지 자폐 스펙트럼에 포함시킨다고?' 하고 의심을 품는 사람이 있었을 테지만, 유아기에 확실한 자폐로 진단되었던 사람조차 일부는 성인기에 E 씨처럼 됩니다 어쩌면 A 씨나 B 씨도 어릴 때는 E 씨와 같은 상태였을지도 모릅니다.

A 씨나 B 씨도 운이 나빠 강한 스트레스를 받았다면 2차적인 문제가 생겨 자폐 스펙트럼 장애(병존군)라고 할 수 있는 상태가 되었을지도 모릅니다. 그러나 운 좋게 순탄하게 성장하여 현재 상태에 이른 것입니다.

현재 요코하마에서 우리는 E 씨처럼 조기 발견과 조기 개입 및 그 후의 지원을 통하여 유아기부터 성인기에 이르기까지의 특징을 파악한 사례를 계속 축적하고 있습니다. 어릴 때의 자폐 스펙트럼 특징의 모습과 현재 평범한 사회생활을 하고 있는 모습을 대비해 볼 수 있는 것입니다.

이 경험을 통해 볼 수 있는 자폐 스펙트럼인들의 다수는 종래의 자폐 관련 책이나 자서전에 자주 나오는 괴로운 생활과는 확연히 구분되는 생활을 하고 있습니다. 바로 여기에 지원의 근본적 모습을 생각할 열쇠가 있지 않을까 합니다.

2. 자폐 스펙트럼은 어느 정도 존재할까?

최근 자폐 스펙트럼에 관한 책이나 인터넷 정보가 급증하고 있습니다. 여러분의 주위에서도 자폐 스펙트럼인에 관한 이야기가 들려오는 경우가 늘었을지도 모르겠습니다. 자폐 스펙트럼인들은 실제로 어느 정도 있을까요?

그것을 생각하려면 자폐 연구의 역사를 더듬어 이해할 필요가 있습니다. 초창기에 관한 부분은 좀 길더라도 자폐 스펙트럼인이 어느 정도 있는지 알기 위해 파악해 두었으면 하는 지식이니 읽어 주시기 바랍니다.

'아동기 자폐증'의 발견

1940년대, 전 세계가 제2차 세계대전에 크게 휩쓸리고 있던 때 미국과 오스트리아에서 두 사람의 연구자가 각기 독자적으로 '자폐'를 키워드로 한 증례 보고 논문을 발표했습니다.

한 사람은 미국의 레오 카너(Leo Kanner)라는 정신과 의사였습니다. 1943년 그는 공통적 특징을 보이는 11명의 아동들에 대한 상세한 보고를 하고 이듬해 1944년에는 이런 특징들을 나타내는 증후군을 '조기 영유아 자폐증'이라고 명명했습니다. 한편, 같은 해인 1944년 오스트리아의 소아과 의사인 한스 아스퍼거(Hans Asperger)는 4명의 아동들에 대한 보고와 함께 '아동기 자폐적 정신병질'이라는 개념을 제창했습니다.

당시 적대국 관계였던 미국과 오스트리아에서 서로의 연구에 대해 전혀 모르는 두 연구자가 거의 동시기에 같은 개념을 제창한 것은 기이한 우연이라고밖에 달리 말할 수 없습니다. 다만 전후에는 영어로 쓰인 카너의 논문이 널리 읽히고, 패전국인 오스트리아에서 독일어로 나온 아스퍼거의 논문은 영어권에서 오랫동안 거의 주목을 받지 못했습니다.

카너가 기록했던 '조기 영유아 자폐증'은 사람과의 의사소통이 거의 나타나지 않고 집착이 아주 강한 유형을 지칭했습니다. 이것이 현재의 자폐 개념의 기원이 되었습니다. 전후 미국의 정신 의학계에서 정신 분석의 영향이 강했던 점도 이유가 되어, 1950~1960년대에 걸쳐 자폐증은 부모의 애정 부족으로 인해 아이가 마음을 강하게 닫아 버린 위중한 정서 장애라고 생각되었습니다.

1960년대 후반 이후 몇몇 연구에 의해 자폐증의 원인이 부모의 양육 방식이 아니라 뇌의 생물학적 이상이라는 증거가 제시되었습니다. 1968년 영국의 정신과 의사 마이클 러터(Michael Rutter)는 자폐인들의 대인 관계 이상은 정서적 이상이 아니라 인지 기능이나 언어 기능의 이상으로 인한 것이라는 소위 **'인지·언어 장애 가설'**을 주창했습니다.

'자폐증'에서 '자폐 스펙트럼'으로

자폐의 범위가 현재와 같이 확장되는 계기를 만든 사람은 영국의 정신과 의사 로나 윙(Lorna Wing)입니다. 1970년대 후반 윙은 영국의 어떤 지역에서 대규모 조사를 했습니다. 그 결과 카너가 제시했던 자폐증 아동들만큼 극단적이지는 않지만 대인 관계에서 마찬가지로 이상을 보이는 아이들이 폭넓게 존재한다는 것을 지적했습니다.

윙은 카너가 제시한 '고립형' 외에 '수동형'(다른 사람이 먼저 행동을 취하면 반응하지만 스스로 다른 사람에게 행동을 취하려고는 하지 않음)과 '적극 - 기이형'(자기가 적극적으로 다른 사람에게 행동을 취하지만, 그 내용이 기이하고 일방적)도 있다는 것을 제시했습니다. 이 유형들의 공통점은 대인 관계가 상호적으로 이루어지지 않는 것입니다.

이렇게 윙에 의해 처음으로 자폐증의 개념이 확장되었습니다. 그때까지는 지적 장애까지 동반하는 사람들이 압도적으로 많다고 생각되었으나, 1980년대 이후 지적 장애가 없는 '고기능 자폐증'이 상당수 존재한다는 사실이 알려지게 되었습니다.

전문가들은 자폐증에는 전형적 자폐증 외에 그 주변 그룹이 있다는 것에도 서서히 주목하게 되었습니다. 1980년에 간행된 미국 정신의학회의 '정신 질환 진단 및 통계 편람 3판(DSM-3)'에서는 자폐증뿐만 아니라 주변 그룹도 포함한 범주의 개념으로 '광범위성(전반적) 발달 장애'라는 용어가 처음으로 등장했습니다. 그 범주 안에는 자폐증 외에 '비정형 광범위성 발달 장애'라는 분류가 등장

합니다.

한편, 윙은 1981년 독일어로 쓰인 아스퍼거의 1944년 논문을 영어권에 소개하고, 거기에 보고된 것과 같은 증례에 대해 아스퍼거의 공적을 기려 '아스퍼거 증후군'이라고 이름 붙였습니다.

카너가 보고한 자폐증은 언어 발달 지연 및 이상이 두드러졌지만 아스퍼거가 보고한 아동들은 대화의 내용은 일단 제쳐놓고 발달 과정에서 말을 유창하게 할 수 있게 되는 것이 특징이었습니다. 아스퍼거 자신은 이것을 카너가 말하는 자폐증과는 다른 그룹이라고 생각했으나 윙의 의견은 약간 달랐습니다.

윙은 '아스퍼거 증후군'을 제안했을 때, 자폐증과 공통적인 대인 관계를 가지면서도 성인기에 이를 즈음까지는 유창하게 대화할 수 있게 되는 유형을 상정했습니다. 게다가 자폐증과 아스퍼거 증후군을 가진 사람들 사이에는 양자가 서로 겹치듯이 다양한 특징을 보이는 사람들이 분포하는 연속적 개념이라고 생각했습니다. 나아가 윙은 자폐증과 아스퍼거 증후군을 두 개의 전형적인 정점으로 하는 이러한 연속적 개념을 통틀어 '자폐 스펙트럼'이라고 부를 것을 제창했습니다.

'스펙트럼'이라는 말은 물리학 및 화학 용어에서 온 것입니다. 태양광 같은 것을 프리즘에 통과시키면 분광 현상이 일어나 파장 순서대로 배열한 띠와 같은 모습이 되는데 그것을 영어로 스펙트럼(spectrum)이라고 합니다. 빛의 스펙트럼처럼 다양하게 보이면서도 연속적이기도 하다는 의미로 '스펙트럼'이라는 용어가 사용된 것입니다.

경계선을 그을 수 있을까?

한편, DSM은 개정되어 (이 책을 집필하고 있는) 현재 4판(DSM-4-TR)이 나와 있습니다. 여기에서는 '광범위성(전반적) 발달 장애' 아래에 '자폐증', '아스퍼거 증후군', '비정형 광범위성 발달 장애' 등 몇 가지 분류가 나와 있습니다.

윙이 말하는 '자폐증 스펙트럼'과 DSM-4-TR의 '광범위성 발달 장애'는 거의 같은 그룹을 가리키고 있으나 경계선에 관한 인식이 크게 다릅니다.

윙은 자폐증, 아스퍼거 증후군, 그리고 둘 중 어느 쪽이라고도 할 수 없는 상태인 사람들 등 다양한 상태를 포함한 집합체로서 '자폐 스펙트럼'을 상정하고 있습니다. 서로 간에 경계선을 그을 수 없을지도 모른다고 말하기도 합니다. 게다가 **자폐 스펙트럼과 그렇지 않은 상태와의 사이도 연속적**이라는 사고방식입니다.

이에 대하여 DSM의 '광범위성 발달 장애'는 각각의 하위 분류들 사이에 명확한 경계선을 긋고, 나아가 광범위성 발달 장애와 그렇지 않은 상태 사이에도 명확한 경계선을 긋고자 하는 점이 특징입니다.

그러나 실제 임상 현장에서는 경계선을 긋기가 어려운 상황이 매우 많습니다. 사실 사물을 분류할 때 이런 일은 흔히 있습니다. 보편적 기준으로 키가 큰 사람과 평균 키인 사람은 누가 보아도 명확히 구별할 수 있습니다. 하지만 양자의 사이에 명확한 경계선을 긋는 것은 불가능합니다. 그것과 마찬가지인 상황입니다.

전형적 개념의 자폐증이나 아스퍼거 증후군이라는 것은 누가 봐도 알 수 있는 것입니다. 그러나 실제로 존재하는 것은 전형적인 사람들뿐만이 아닙니다. 그런 사람들을 '여기까지는 자폐증, 여기서부터는 아스퍼거 증후군'과 같이 선을 긋는 것은 현실적이지 않습니다.

이런 임상 현장의 목소리가 반영되어 2013년에 간행되는 DSM-5에서는 '광범위성 발달 장애'가 폐지되고 '자폐 스펙트럼 장애'라는 진단명으로 바뀔 예정입니다. 나아가 '자폐증'이나 '아스퍼거 증후군' 등 하위 분류도 폐지되어 증상의 중증도를 추가 기재하는 형태로 될 듯합니다(이 책이 2013년 3월에 출간된 직후인 같은 해 5월에 DSM-5가 나와 현재에 이르고 있다. 예정대로 '광범위성 발달 장애'라는 분류가 폐지되고, '자폐 스펙트럼 장애'라는 진단명 하에 기존의 '자폐증', '아스퍼거 증후군'이 통합되어 들어갔다. 하위 분류명 대신, 사회적 의사소통의 손상 및 제한적이고 반복적인 행동의 심각성에 따라 1단계에서 3단계까지 중증도를 명시하게 되었다 - 옮긴이).

자폐 특징의 강도는 연속적으로 분포

그럼에도 불구하고 문제는 남습니다. 자폐의 특징이 전혀 없는지 아닌지를 가르는 선을 긋기도 어렵습니다.

정제수에 소금을 넣으면 소금물이 되지만, 눈앞에 있는 물이 정제수인지 소금물인지를 사람의 혀만으로 판별하기는 어렵습니다. 0.001%라도 소금이 들어갔다면 정제수가 아니라 소금물이지만 그것을 사람의 혀로 감지할 수는 없습니다. 그러면 어느 정도의 농도가 되면 혀로 판별할 수 있을까요? 일정 정도의 농도를 넘으면 누가 몇 번을 시도해도 알 수 있을 것입니다. 하지만 미묘한 농도인 경우에는 사람에 따라, 또는 같은 사람이라도 컨디션에 따라서는 알 수 있는 경우가 있고 없는 경우가 있을 것입니다.

자폐증의 특징이 있는지 없는지를 검출하는 작업은 소금물인가 정제수인가를 혀로 판별하는 작업과 매우 비슷합니다.

자폐증의 인지심리학적 연구로 유명한 케임브리지 대학의 사이먼 배런-코언(Simon Baron-Cohen)은 '자폐 스펙트럼 지수(AQ)'라는 평가 척도를 개발했습니다. 이것은 50항목의 질문에 본인이 대답하는 것으로, 점수가 높을수록 자폐 스펙트럼의 특징이 강하다고 여겨집니다. 실제로 아스퍼거 증후군인 사람들에게 AQ를 실시하자 고득점을 보였습니다.

배런-코언은 이 검사를 다수의 일반인에게도 실시했습니다. 그러자 득점은 거의 정규 분포(신장의 분포처럼 평균치를 정점으로 하는 산 모양의 분포)를 나타냈습니다. 어떤 점수를 기준으로 명확히 두 개의 그룹으로 나뉘지는 않았습니다. 즉, 자폐 스펙트럼의 특징은 많은 사람을 세워 놓고 보면 어느 지점에서 '자폐 스펙트럼(+)', '자폐 스펙트럼(-)'처럼 명확한 선을 그을 수 있는 것이 아닙니다.

소금물의 비유로 돌아와서, 일상생활에서 물에 소금이 녹아 있는지 없는지 알아보려면 혀로 판단하면 됩니다. 그러나 다른 요리 등과 함께 맛을 볼 때는 다른 맛과의 전체적인 균형으로 인해 농도에 따라서는 소금기를 느끼는 경우와 그렇지 않은 경우가 있습니다.

그것과 마찬가지로 자폐 스펙트럼의 특징이 강하면, 그 행동을 보기만 해도 누구든지 알 수 있습니다. 이것이 '자폐 스펙트럼 장애'입니다. 그러나 특징이 약하면 주위 사람들이나 당사자가 처한 생활 환경 등에 따라서 그 특징이 눈에 띄는 경우가 있는가 하면 그렇지 않은 경우도 있습니다. 이런 상태까지 포함해서 '자폐 스펙트럼'이라고 생각합니다.

분석기에 넣지 않으면 검출되지 않는 정도의 소금밖에 들어 있지 않은 물을 일상생활에서는 '소금물'이라고 하지 않듯이, 일상생활 속에서 특징이 전혀 검출되지 않으면 '자폐 스펙트럼'이라고 할 필요는 없습니다. 다만, 그런 사람들 가운데에도 생물학적(유전자 레벨 등)으로 보면 자폐 스펙트럼의 요소를 가진 사람도 있다고 생각됩니다.

자폐 스펙트럼인은 잠재적으로 10%는 존재한다

2002년 요코하마 시 교육위원회에서 실시한 조사에서는 '학습과 행동에 현저한 곤란을 나타내는 아동·학생'의 비율이 시내 초·중학교의 일반 학급에 재적하는 아동·학생 전체 중 6.5%, 여기에 특수 학급 및 특수 학교에 다니는 아동·학생도 포함해서 더하면 9.3%라는 결과가 나왔습니다. 학습과 행동에 현저한 곤란을 나타낸다는 것은 어떤 발달 장애가 의심되는 경우라는 것입니다.

다만 이 결과는 각 학교의 담임 교사가 배포된 질문지에 답한 데이터를 집계한 것이라는 점을 주의해야 합니다. 즉, 학습과 행동에 현저한 곤란을 나타내기 때문에 담임 교사가 신경 써서 생각하고 있는 아동은 거론되지만, 발달 장애의 특징이 있어도 담임이 특별히 문제를 느끼지 않는다면 이 조사에서는 집계되지 않았을 가능성이 있기 때문입니다.

한편 발달 장애의 조기 발견과 조기 지원이 활발하게 이루어지고 있는 자치체에서는 유아기(5세 이하)에 지역의 기초 발달 센터에서 진료를 받는 아동이 해당 지역 아동 전체의 7~8%에 달한다는 결과가 나왔습니다. 요코하마 시도 그중 하나입니다. 내가 근무했던 요코하마 시 종합 재활 센터의 경우, 유아기에 진료를 받았던 아이들 대부분이 자폐 스펙트럼이었습니다. 더구나 그 아이들 대부분은 지적 장애가 없는 유형이었습니다.

이 아이들 중 다수는 조기 지원을 적절하게 받았습니다. 그래도 많은 아이들은 일정한 배려가 필요한 상태로 초등학교에 입학하게 됩니다. 그러면 입학할 때 부모가 학교에 아이의 특징에 대해 설명하고 순조롭게 학교 생활을 할 수 있도록 체계를 만듭니다. 이런 경우는 담임 교사도 파악하고 있습니다.

그러나 우리가 외래로 지원을 계속하고 있는 아동이라도 보호자가 학교에 별도로 설명을 하지 않고 입학시키는 일이 있어서 담임 교사는 전혀 눈치채지 못하고 시간이 경과하는 사례도 있습니다. 자폐 스펙트럼의 특징은 남아 있어도 담임 교사를 힘들게 하는 학습 및 행동 문제를 일으키지 않으면 교사는 눈치채지 못하는 경우가 많은 듯합니다.

또한 유치원, 보육원, 학교 등에서 학습이나 행동에 문제를 보이더라도 부모의 의향 등으로 인해 진료를 받지 않는 사례도 많습니다. 지역을 순회하는 전문가들 중에는 진료를 받지 않는 아동의 수가 더 많을 것 같다고 말하는 사람도 있습니다.

이런 것들을 종합하여 생각하면 자폐 스펙트럼인은 아마도 잠재적으로는 인구의 10%는 존재한다고 생각됩니다. 다만 과반수는 성인기에 비장애 자폐 스펙트럼이 될 가능성이 충분히 있는 사람들일 수도 있습니다. 전형적 자폐는 이 가운데 극히 일부로, 인구의 0.3% 정도라고 생각됩니다.

유아기는 자폐 스펙트럼의 특징이 가장 눈에 띄기 쉬운 시기입니다. 따라서 영유아 검진을 기점으로 한 조기 발견을 활발히 실시하고 있는 지역에서는 놀랄 정도로 많은 자폐 스펙트럼 아동들이 조기에 발견되고 있다고 생각됩니다. 그중에는 아무런 지원을 받지 않았어도 비장애 자폐 스펙트럼으로(당사자와 주위 모두 깨닫지 못한 채로) 사회 속에 참여할 수 있는 사람들도 상당수 포함되어 있을 가능성이 있습니다. 실제로 그런 성인들이 현재도 많이 있으니까요.

그러나 그 가운데에는 2차적 문제가 생겨서 사회에 참여하지 못하고 정신과 진료를 받게 되는 사람도 많이 있을 수 있습니다. 그리하여 그런 사람들이 가장 심각하게 일상생활의 어려움을 느끼게 되는 것입니다.

좁은 의미의 자폐 스펙트럼 장애인들에게 조기 발견이 중요하다는 것은 말할 필요도 없습니다. 그런데 자폐 스펙트럼의 특징이 약한 사람이 비장애 자폐 스펙트럼이 될지, 심각한 2차적 문제가 병존하게 될지 예측하기 어려운 현재, 조기 발견과 조기 지원으로 2차적 문제 발생을 예방하는 것은 윤리적으로도 매우 큰 의의가 있습니다.

비장애군까지 포함한 추정치로 자폐 스펙트럼이 10%는 존재한다는 전제하에서 유아기부터 학령기에 걸쳐 보건, 의료, 복지 그리고 무엇보다도 교육 체계를 정비하는 것은 심각한 정신과 의료나 장애인 복지 대상이 될 염려가 있는 사람들을 줄이고 충실한 사회생활을 할 수 있는 사람들을 늘리기 위해서 반드시 필요합니다.

제4장
자폐 스펙트럼인을 어떻게 지원할 것인가

제4장
자폐 스펙트럼인을 어떻게 지원할 것인가

1. 특유의 발달 유형에 맞춘 지원

자폐 스펙트럼은 특유의 발달 유형을 가진 종족

제3장에서 자폐 스펙트럼은 일종의 '종족'에 가까운 것이 아닌가 하는 관점에 대해 이야기했습니다. 이 점에 대하여 좀 더 고찰해 보겠습니다.

〈미운 오리 새끼〉라는 동화가 있습니다. "오리 둥지에 홀로 모습이 다른 새끼 오리가 있었습니다. 모두가 괴롭혔고 언제나 외톨이였습니다. 그런데 봄이 되자 외톨이 새끼 오리는 물에 비친 자신의 모습이 백조로 변해 있는 것을 보고 놀라지 않을 수 없었습니다"라는 이야기입니다.

이 이야기 속에 자폐 스펙트럼을 바라보는 관점과 관련한 힌트가 숨겨져 있다고 생각합니다.

이 이야기에 나오는 새끼 백조는 어릴 때부터 계속 이상한 오리라는 시선을 받으며 자랐고, 어른이 되고 나서야 '아니, 실은 백조였잖아' 하고 깨닫습니다. 하지만 만일 태어났을 때부터 이 새끼 오리가 다른 무리와 달리 백조라는 것을 알았다면 양육 방식이 다르지 않았을까요?

오리 새끼라고 생각하니까 "이 아이만 아직 털갈이를 안 했어", "아직도 날 생각을 하지 않네" 등등 주위에서 이상하다고 느끼는 것입니다. 처음부터 백조라는 것을 알고 있었다면 깃털 색이 달라도 종이 다르니까 당연하다고 생각하게 됩니다. 털갈이 시기나 하늘을 나는 연습을 시작하는 시기가 달라도 당연하다고 이해할 것입니다. 백조라면 오리의 속도가 아니라 백조의 속도대로 하면 될 것입니다. 종이 다르다는 것은 그런 것이니까요.

자폐 스펙트럼을 종족에 비유했을 때 이와 마찬가지로 말할 수 있지 않을까요. 자폐 스펙트럼인들과 그렇지 않은 사람들의 차이는 백조와 오리의 차이에 견줄 수 있을지도 모릅니다.

특히 생각해 두어야 할 것은 발달 유형의 차이입니다. 인간의 심리적 발달에 대해 연구하는 학문 영역을 '발달심리학'이라고 합니다. 발달심리학에서는 '아동은 ○살까지 △△를 할 수 있다'라는 것을 체계적으로 연구합니다. 최근에는 발달심리학적 지식을 일반인들이 접할 기회가 늘었습니다.

그러나 여기서 주의해야 합니다. 발달심리학 책에서 말하는 '아동은 ○살에 △△를 할 수 있다'라는 정보는 많은 아동들의 사례를 집계하는 실험 연구 등에서 통계적으로 도출됩니다. '많은 아동들의 데이터를 평균으로 하면 대체로 이 정도 연령에서 이런 것을 할 수 있었다'라는 조사의 통계적 결과입니다.

평균적인 아동이라면 한 살 무렵부터 헤어질 때 손을 흔드는 것을 모방하게 되고, 두세 살 무렵에는 '안녕하세요' 하고 상대방이 말하면 '안녕하세요' 하고 반응할 수 있게 됩니다. 이것은 어디까지나 통계적으로 많은 아동이 그렇다는 것뿐입니다.

그런데 언제부터인가 육아책 같은 데서 '한 살 무렵이 되면 손을 흔들도록 가르쳐 봅시다' 하는 식으로 쓴 글이 눈에 띄게 되었습니다. 이런 글은 본말전도입니다. 단순한 통계 데이터였던 것이 어느새 '아이를 키울 때는 이렇게 키워야 한다'라는 과업으로 뒤바뀌어 버렸습니다.

자폐 스펙트럼인들은 발달에서 독자적인 유형을 갖는 종족이라고 할 수 있습니다. 그런데 이 '자폐 스펙트럼인들 고유의 발달 유형'이 어떤 것인가에 대해 사실은 아직 거의 연구되어 있지 않습니다.

어른이 되면 평균 기준에 들어맞는 경우도 있다

발달은 반드시 연속적으로 성장 곡선을 그린다고 할 수는 없습니다. 어느 시기까지 전혀 못하다가 갑자기 할 수 있게 되는 일도 있습니다. 예를 들어 대소변 가리기를 생각해 봅시다.

계속 기저귀를 차던 아이가 어느 시기부터 기저귀를 졸업하게 됩니다. 독자 여러분들 가운데에도 어릴 때 기저귀를 한 살에 뗀 분도 있는가 하면, 4살 무렵까지 졸업하지 못한 분도 있을 거라고 생각합니다. 그러나 어른이 되면 다 똑같습니다. 자기가 몇 살에 기저귀를 떼었는지 모르는 사람이 많을 것이며, 혹시 4살 때까지 기저귀를 떼지 못했던 것을 알더라도 그것을 부끄럽게 생각하지는 않을 것입니다.

어른이 되어 돌이켜보면 기저귀를 언제 졸업했나 하는 것 따위는 별로 중요하지 않습니다. 그러나 4살까지 기저귀를 떼지 못했던 사람의 경우, 여전히 기저귀를 차고 있던 2살 무렵에 부모님이 매우 걱정했을지도 모릅니다. 기저귀를 뗀 아이가 주변에 점점 늘어가고 있는데 우리 아이는 아직도 떼지 못했다고 초조해하는 것이지요. 그런 초조한 마음은 이해하지만 나중에 생각하면 결과는 같아지기 때문에 초조해할 필요가 없습니다.

자폐 스펙트럼인들의 경우에도 같은 사례가 있습니다.

예를 들면 인사를 생각해 봅시다. 자폐 스펙트럼인들 다수는 4~5세 정도면 아직 자발적으로 제대로 인사하지 못합니다. 그러나 어른이 되면 직장 등에서 어느 정도 인사를 잘 하게 됩니다. 일단 할 수 있게 되면 언제부터 할 수 있게 되었는지는 문제가 되지 않습니다. 그러나 아직 인사를 못 하는 시기에 부모나 주위 사람들이 그것을 문제 삼는 것이지요.

제가 느끼기에는 자폐 스펙트럼인이 주위를 돌아보고 사회적 행동에 마음을 쓰기 시작하는 것은 대체로 중학생 이후로 보입니다. 5세 무렵에 다른 아이들이 웃으면서 인사를 주고받는 가운데 자폐 스펙트럼 아동은 인사를 무시하거나, 인사는 하지 않고 느닷없이 어떤 이야기를 시작하거나 합니다. 그러면 부모님은 걱정이 되어 "인사를 제대로 해야지" 하며 아이의 머리를 꾹 눌러서 인사를 시키려고 합니다.

하지만 그렇게 해도 당사자는 아직 인사의 의미를 이해하지 못합니다. 시간이 지나면 할 수 있게 되지만, 다른 아이들과 같은 시기에 하지 못하면 부모님들은 매우 불안해집니다. 하지만 이것은 기저귀와 마찬가지로 초조해할 필요가 없는 일이 아닐까요.

인사에 관해서는 이렇게도 생각할 수 있습니다. 일반 아동들은 사춘기가 되면 그때까지 하던 것 중 일부를 하지 않게 됩니다. 인사도 그중 하나입니다. 남자 중학생의 다수는 어른에게 또박또박 "○○ 어머님, 안녕하세요" 같은 식으로는 인사하지 않습니다. 능력이 저하되는 것이 아니라 사춘기의 심리라는 것이 그렇습니다. 그러나 자폐 스펙트럼인들 중 일부는 바로 그 시기에 제대로 인사를 할 수 있게 됩니다.

자폐 스펙트럼인들이 어른에게 제대로 "○○ 선생님, 안녕하세요" 하고 인사하면 좀 불량한 척하는 동급생들이 "저 자식은 어른한테 또박또박 인사나 하고, 재수없어" 하면서 오히려 주위에서 거리를 두거나 괴롭히는 요인이 되기도 합니다. 그때까지는 계속 늦되기만 했는데, '한다/하지 않는다'라는 측면만 놓고 보자면 일시적으로 역전되는 듯한 상황입니다.

평균적인 아동의 발달에서는 '어른에 대한 인사'라는 행동은 계속 상향 곡선을 그리는 것이 아니라 사춘기에 일단 감소하고 성인기에 다시 상향 곡선을 그리는 올록볼록한 곡선을 그립니다. 우리가 생각해야 할 것은, 모든 아동이 꼭 이런 올록볼록한 곡선까지 똑같이 그리는 것을 발달 과업으로 삼아야만 하는가 하는 것입니다.

자폐 스펙트럼인들의 경우 일반인들과 달리, '어른에 대한 인사'가 올록볼록한 곡선을 그리지 않는 점이 특유의 발달 유형인 듯합니다. 어쨌거나 어른이 되어 제대로 인사하게 된다면 그것으로 충분하지 않을까요.

그러나 요즘 육아책에서는 유아기부터 인사를 가르치라고 적혀 있습니다. 거기에 따라 열심히 인사를 가르쳐 사춘기에 겨우 인사를 할 수 있게 되었더니 다른 아이들은 어른한테 인사를 하지 않게 되었습니다. 그래서 이번에는 괴롭힘을 당하지 않기 위해 모처럼 몇 년간 습관을 들여 놓은 인사를 '어른에 대해서는 하지 마라' 하고 가르칠까요. 그런 것은 말도 안 되지요.

자폐 스펙트럼인들에게는 특유의 발달 유형이 있습니다. 그것을 제대로 이해하는 것이 더 중요합니다. 새끼 백조를 오리 집단 속에서 키우듯이, '이 아이는 지금은 인사를 하지 않지만, 자폐 스펙트럼이니까 인사 습관을 들이는 시기가 보통 애들과는 달라. 지금 가르치지 않아도 언젠가는 할 수 있어'라는 예측만 할 수 있으면 그리 초조해하지 않고 지나갈 수 있습니다. 지금 그런 예측을 하지 못하는 전문가가 많기에 여러분이 초조해하는 것입니다.

가르치면 할 수 있는 것과 가르쳐도 못하는 것

자폐 스펙트럼인들이 특유의 발달 유형을 가진다면 우선 그것이 구체적으로 어떤 것인지 앞으로 전문가들이 연구해야 합니다. 그것을 바탕으로, 가르치면 할 수 있는 것과 가르쳐도 못하는 것을 제대로 분간하는 안목을 기르는 것이 자폐 스펙트럼인 지원에서 중요합니다.

자폐 스펙트럼 아동에게 '어른한테 인사하기'를 가르치는 것은 4~5세까지는 충분한 효과를 얻을 수 없습니다. 하지만 초등학교 3~4학년부터 고학년에 걸쳐 세심하게 지도하면 비교적 어렵지 않게 습관을 들이게 됩니다.

아이가 자기 힘으로 할 수 없는 것 중에서 다른 사람이 조금만 가르치거나 도우면 할 수 있게 되는 것들이 있습니다. 발달 과정에서 그런 영역을 구소련 심리학자 레프 비고츠키(Lev Semenovich Vygotsky)는 '**근접 발달 영역**'이라고 부르며 여기에 교육의 의의가 있다고 했습니다. 이것은 현재의 교육 이론에서 토대를 이루는 중요한 관점입니다. 언제, 무엇을 가르칠 것인가 하는 교육 교과 과정은 각각의 연령에서 '근접 발달 영역'을 상정해서 만들어집니다.

그런데 여기서의 '근접 발달 영역'은 일반 아동들에게 있어서 평균적인 발달 유형을 바탕으로 상정되어 있기 때문에 일반 아동들과는 다른 발달 유형을 가진 아동들에게는 정확히 일치하지 않습니다. 앞으로 필요한 것은 자폐 스펙트럼의 발달 유형에 따른 '근접 발달 영역'을 특정하는 것이라고 봅니다.

물론 어른이 된다고 만사가 다 평균 기준에 맞아 들어가게 되는 것은 아닙니다. 가령 자폐 스펙트럼인에게 분위기 파악을 하는 법을 가르쳐도, 유감스럽게도 한계가 있습니다. 이처럼 어른이 되어도 일반인들처럼 잘 할 수는 없는 영역이 그대로 남는 사람들이 많습니다. 자폐 스펙트럼인들 일부가 자폐 스펙트럼 장애로 복지 서비스 대상이 되는 것도 사실입니다.

3장에서 제 키가 164cm라고 말했습니다. 키가 어느 정도까지 자랄지는 타고난 형질에 상당히 좌우됩니다. 저의 경우 키가 작은 상태인 채로 성인기에 이르게 되는 것이 선천적으로 결정되어 있었다고 생각합니다.

어릴 때부터 키가 작았던 저는 사춘기에는 '어떻게 하면 키가 더 클까?' 하고 고민했던 시기도 있었습니다. 주위 사람들로부터 "이제 1cm만 더 크면 된다. 좀 있으면 165cm는 넘을 거야" 같은 말로 위로받은 적도 있었습니다. 그러나 결국 164cm에서 키는 성장을 멈추고 그대로 수십 년이 지나고 있습니다. 아마도 평생 165cm에 이르지 못하고 인생을 마치겠지요.

이것과 마찬가지로 정신 기능상 다양한 영역의 발달에서도 개인차는 존재합니다. 각각의 발달 유형이 있고, 그중에는 성인기에 이를 때쯤이면 평균 기준에 맞는 영역도 있는가 하면 유감이지만 평균적 수준에 이르지 못한 채로 그치는 영역도 있을지 모릅니다.

이 부분은 매우 어려운 문제입니다. 키가 작은 사람도 아동기 동안에 성장 호르몬을 인위적으로 투여하면 더 클 수 있습니다. 실제로 현저한 저성장 아동의 경우 이런 치료를 하기도 합니다. 저도 어릴 때 성장 호르몬 치료를 받았다면 지금보다 키가 커졌을지도 모릅니다.

그런데 만일 세상에 키 작은 사람들이 모두 성장 호르몬을 맞는다면 어떻게 될까요? 평균 신장이 상승해서 그 안에서 또 평균치에 못 미치는 저성장이 나올 뿐입니다.

많은 사람들의 신장으로 통계를 내면 평균치 부근의 사람 수가 가장 많고, 거기서 왼쪽과 오른쪽 양방향으로 멀어지면 멀어질수록 숫자가 감소하게 되는 분포를 보입니다. 모든 사람이 획일적으로 같은 키가 되는 것은 아니므로 그 분포 속에는 상대적으로 큰 사람도 작은 사람도 있습니다. 저신장인 사람이 약 같은 것을 사용해서 키가 커졌는데 세상 사람들도 같이 커진다면 통계 분포가 변하여 평균치도 변하기 때문에 상대적 위치는 변치 않는 것입니다.

지능이나 학력에 대해서도 마찬가지입니다. 수치화할 수는 없지만 '분위기 파악을 한다', '대인 관계에서 처신을 잘한다'라는 등의 능력도 상대적인 것이므로 같은 식으로 말할 수 있을 것입니다. 원래 선천적으로 그런 것에 능한 사람이 있는가 하면 서툰 사람도 있습니다. 어릴 때부터 어른이 되어서까지 계속 취약한 영역이 남아 있는 사람도 있습니다. 사람에게 다양성이 있는 한 사회적으로 불리한 소수파 사람들은 반드시 일정한 비율로 존재합니다. 그런 사람에게 복지적 지원을 주저해서는 안 됩니다.

교육계에 흔히 있는 환상 같은 것인데, '어떤 과제를 반복하도록 시켜서 시간을 들여 완수한 양을 늘리면 누구든지 반드시 할 수 있게 된다'라는 사고방식을 가진 선생님들이 꽤 있습니다. 이런 풍조를 바꿔 나가야만 합니다. 어떤 목표를 추구할 때는 못하는 것을 극복하는 것이 훌륭하다고 생각하기 쉽습니다. 한자 능력이 부족하면 학습지를 30장 하면 된다는 식이죠. 그런 식으로 시간을 들여서 양을 채우면 외울 수 있을 것이라고요. 그것이 일반적인 사고방식입니다.

그러나 그렇게 잘 되지 않는 것이 자폐 스펙트럼인들입니다. 약한 부분을 극복하는 것을 최우선 과제로 하는 것은 자폐 스펙트럼인들에게는 종종 역효과를 가져오고, 특별 훈련을 하면 할수록 싫어하게 됩니다.

자폐 스펙트럼인들은 다른 사람에게 맞추는 것을 어려워합니다. 아이가 그러면 그 부모나 교육자는 어릴 때부터 다른 사람에게 맞출 수 있도록 가르치려고 노력하지만, 그로 인해 결국 사람 사귀는 것을 싫어하게 될 가능성이 커집니다.

낮은 눈높이 육아론
자폐 스펙트럼 아동을 키울 때 두 가지의 사고방식이 있습니다. 하나는, 조금이라도 표준적인 발달에 가까워지게 하고 싶고 발달을 향상시키고 싶다는 이른바 '높은 눈높이' 사고방식입니다. 이와 반대로, 완전히 보통 수준이 될 수는 없으니 할 수 있는 분야를 잘 키워 주고 할 수 없는 것은 무리해서 시키지 않는다는 보완적 접근법이 있습니다. 이것은 '**낮은 눈높이**' 사고방식입니다.

일반적으로 말하면 아이가 유아기부터 초등학교 저학년 무렵까지의 시기에 지원자는 높은 눈높이로 키우려고 노력합니다. 한편, 중학교를 졸업하고 고등학교에 진학할 무렵부터 서서히 낮은 눈높이 지원자가 늘기 시작합니다. 성인기가 되면 거의 예외없이 낮은 눈높이 지원을 합니다.

그런데 아동의 입장에서 생각하면 이 두 가지 사고방식은 모순된 것입니다. 어릴 때는 "노력해야 해. 열심히 능력을 향상시켜라" 하고 몰아세우더니, 사춘기가 되자 어느날 갑자기 "이제 한계에 이르렀으니 포기하렴" 하는 것입니다. 방침이 180도 바뀌는 셈입니다.

그 무렵이 되면 본인도 주위 사람들을 상당히 의식하기 시작합니다. '주위에서 노력은 이제 그만해도 된다고 하지만, 지금까지 열심히 노력했는데도 제대로 못하는 나는 가망이 없는 인간이다' 하는 식으로 생각하고는 큰 충격을 받고 자신감을 잃어버립니다.

유아기에 가까운 시기에 지원자들이 높은 눈높이로 노력하는 것은 아이가 장래에 어떻게 될 것인가 하는 전망을 가지고 있지 않기 때문일 뿐입니다. 지역 사회의 자폐 스펙트럼 아동들을 도맡아서 받아들이는 기초 센터에서 유아기부터 성인기까지 추적 관찰해 온 전문가 입장에서 보자면, 앞을 예측하지 못하고 무턱대고 하는 높은 눈높이식 접근법은 매우 위험합니다.

아무리 아이가 어려도 장래에 어떤 상태가 될 가능성이 있는지에 대해 어느 정도 목표를 제시할 수 있는 사람이 전문가입니다. 그것을 염두에 두면서 낮은 눈높이식 육아에 힘쓰도록 합니다. 이것이 최선의 지원입니다. 그리고 그 시작은 이르면 이를수록 좋습니다.

물론 그 목표에 다소 변동 폭이 있는 것은 어쩔 수 없습니다. 다만 부모님이나 선생님들은 그런 경우 무의식중에 높은 도달점을 목표로 하려는 경향이 있습니다.

그러나 오히려 그 반대가 좋습니다. 눈높이를 낮춰 육아를 하고, 장래의 목표 도달점을 낮게 설정해야 합니다. 이러한 낮은 눈높이식 육아론 바탕의 지원을 받아온 아이들이 성인기에 가장 충실한 생활을 하고 있습니다.

낮은 눈높이식 목표 설정 방법
낮은 눈높이식 목표 설정의 예를 세 가지 들어 보겠습니다.

(1) '협조성'보다 '규칙 준수'
우선 '소셜 스킬'에 관한 목표입니다.
소셜 스킬이라고 하면 협조성을 떠올리는 사람이 많을 것입니다. 즉 상황에 맞게 유연하게 다른 사람에게 맞추는 것입니다. 그러나 다른 사람의 마음을 살피거나 분위기 파악을 하는 것이 서툰 자폐 스펙트럼인들에게 이것은 매우 어렵습니다. 하지만 글로 씌어 명확하게 정해진 규칙을 지키는 것은 결코 불가능하지 않습니다. 오히려 다른 사람보다 배는 더 잘 지키는 사람도 많습니다.

협조성과 규칙 준수는 사회적 상황에서 일치하는 경우가 많습니다. 그러나 때로는 규칙을 너무 지나치게 엄수하는 것 때문에 어떤 상황에서는 사람들과의 협조를 어렵게 만들 수도 있습니다. 그럴 때는 이렇게 생각해 보면 좋을 것입니다. '무조건 남한테 맞출 줄밖에 모르는 사람과, 무조건 규칙밖에 지킬 줄 모르는 사람이라면 누가 나을까?' 하고 말입니다.

남한테 맞춘다는 것은 상대적인 기준이므로 잘못된 상대에 맞추다 보면 비윤리적 행위나, 경우에 따라서는 범죄 행위에 가담할 수도 있습니다. 그러나 규칙밖에 지킬 줄 모르는 경우에는 융통성이 없는 건 사실이지만 신뢰는 할 수 있지요.

일반인에게라면 양립 가능한 목표이지만 우리 아이에게는 장래에 양립이 어려울 것으로 예상되니, 어느 한쪽밖에 달성할 수 없다면 어느 쪽을 택하는 것이 부담이 적을지 반드시 생각해 보아야 합니다.

(2) '꾸준히' 보다는 '한 방에 승부'

이것도 같은 사고방식입니다. 흥미를 갖지 못하는 과제를 평소에 꾸준히 하라는 것은 자폐 스펙트럼인에게 지나치게 어려운 요구입니다. 반면에 어떤 일에 열중하면 시간이 가는 것도 잊어버려 그 다음에 해야 할 일로 국면 전환을 잘 하지 못하여 지각할 것 같은 상황으로 늘 아슬아슬해하는 일이 자주 있습니다. 이렇게 흥미가 눈에 띄게 편중되어 있고, 일이나 일정 관리가 안정되지 못한 사람들에게 평소에 꾸준히 노력하라고 가르치는 것은 매우 어렵습니다.

하지만 잘 보면 그런 사람들의 대다수는 평소 꾸준히 노력하지 않는데도 불구하고 마감 직전이 되어서 황급히 해치우거나, 혹은 주위 사람들이 기다리다 못해 도와줘서 간신히 제때에 맞추는 식으로 어떻게든 일을 매듭은 짓습니다.

이럴 때 일반인들은 '막판에 허둥대는 건 안 좋으니 다음부터는 평소에 꾸준히 해 두어야지'라는 교훈을 마음속에 새기게 됩니다. 또는 주위 사람들이 그런 식으로 기대를 합니다. 그런데 자폐 스펙트럼인들은 다른 것을 마음속에 새길 수도 있습니다. 그것은 '평소에 안 해도 닥치면 다 되게 되어 있다'라는 것입니다.

이런 식으로 생각하는 것을 부정할 필요는 전혀 없습니다. 여기서도 생각해 보시기 바랍니다. '평소 꾸준히는 하지 않지만 닥쳤을 때만이라도 할 수 있는 사람'과, '평소에는 꾸준히 하지만 닥쳤을 때만 못 하는 사람'. 더 간단히 말하자면, '실전에 강한 사람'과 '실전에 약한 사람'입니다. 어느 한쪽만 택해야 한다면 어느 쪽이 좋을까요?

사실 비장애 자폐 스펙트럼인들에게 공통된 점은, 설령 다양한 문제는 남아 있다고 할지언정 실전에 강한 성격이라는 점입니다. 반면 여러 가지 좌절을 맛보고, 2차적 문제가 병존하는 사람들은 평소 성실하게 노력하는 데 비해서는 실전에서 힘을 발휘하지 못합니다.

실전에 강한 사람에게는 그런 특성을 칭찬하고 키워 주어야 합니다. "좋은 결과가 나와서 다행이구나" 정도로만 말하면 됩니다. "평소에 좀 노력해" 이런 식으로 말하면 안 됩니다.

자폐 스펙트럼인들 다수는 평소에 노력하는 것이 힘듭니다. 평소에 노력하도록 시키면 '노력하는 것' 그 자체에 온 힘을 쏟아서 실전에서 힘을 발휘하지 못하게 됩니다.

(3) 상대방의 이야기를 듣고 있다면 자세는 문제삼지 않을 것

듣는 태도가 성실하지 못한 학생에게 곧잘 선생님이 "자세 똑바로!" 하고 주의를 주면서 그 학생의 등을 똑바로 펴게 하는 등 자세를 교정하는 경우가 있습니다. 자폐 스펙트럼 학생 중에는 자세를 유지하는 것이 어려워서 언제나 어디에 몸을 기대고 있거나 팔꿈치를 괴는 등 자세가 나쁜 학생이 있어서 선생님에게 흔히 이런 주의를 받습니다.

그러나 자세가 나쁜 자폐 스펙트럼인들에게 자세를 고치는 것은 상당히 의식을 쏟고 있어야 가능한 일입니다. 즉 그들이 자세를 바르게 하기 위해서는 '자세를 바르게 하는 것'에 계속 의식을 집중시켜야만 합니다. 그 결과 일어나는 일은, 선생님이 하는 중요한 이야기에 집중을 못 하고 건성으로 흘려 버리게 되는 것입니다. 선생님은 자세가 나쁘면 그것이 곧 건성으로 흘려듣는 것이라고 생각하지만 사실은 정반대로, 이들은 자세가 좋으면 건성으로 흘려듣게 됩니다.

여기서도 양자 택일입니다. 자세가 좋은 것과 남의 말을 경청하는 것이 양립하기 어려운 경우, 어느 쪽을 우선시할 것인가 하는 것입니다. 이것은 때와 경우에 따라 다릅니다. 수업을 제대로 들었으면 좋겠다고 판단할 때는 자세보다 그 학생이 제대로 선생님의 이야기를 듣고 있는지 확인하면 됩니다.

한편, 때로는 남의 이야기를 듣는 것보다 자세가 중요할 때도 있습니다. 공공연히 할 말은 아니지만, 학교 행사 등에서 교장 선생님이나 내빈이 인사말을 하고 있는 상황 등에서는 참가자가 자세를 바르게 하고 있는 것이 가장 중요하므로 자세에만 집중하고 이야기는 듣지 않아도 된다고 생각하십시오.

'자율 스킬'과 '소셜 스킬'

제가 아는 성인 비장애 자폐 스펙트럼인이 자신의 좌우명을 가르쳐 준 적이 있습니다. 그것은 '남들과 다른 일을 할 것'이라는 것과, '사회의 규칙은 제대로 지킬 것'이었습니다. 이것을 들었을 때 나는 '정말 그러네' 하고 생각했습니다.

이 사람은 정말 다른 사람들이 별로 하지 않는 발상을 거침없이 합니다. 본인도 그것을 좌우명으로 삼고 있습니다. '남들과 다른 일을 한다'라는 것은 자폐 스펙트럼인에게 매우 좋은 좌우명입니다. 왜냐면 그들은 별로 힘들이지 않고도 남들과 다른 일을 할 수 있으니까요. 오히려 남들과 같은 것을 하는 쪽이 어려울 정도입니다.

다만, 아무리 남들과 다른 것을 한다고 해도 사회적 규칙에서 벗어나면 안 됩니다. 그 부분을 '사회의 규칙은 제대로 지킨다'라는 또 하나의 좌우명으로 보완하고 있습니다. '나는 사회의 규칙을 제대로 지키고 있으니까 괜찮다'라는 자신감을 가지고 있기 때문에 마음껏 남들과 다른 일도 할 수 있는 것입니다.

그의 말을 듣고 나서 나는 다음과 같은 것을 생각하게 되었습니다. 그것은 어린이가 성인이 되어 사회에 잘 나아갈 수 있을지 없을지는 '자율 스킬'과 '소셜 스킬'에 달려 있다는 것입니다.

'자율'이라는 것은 스스로를 컨트롤하는 것입니다. 이와 관련하여 '자립'은 자기 혼자 할 수 있다는 의미입니다. 장애가 있는 사람이 무엇이든 혼자 하는 '자립'을 목표로 하는 것은 어렵습니다. 하지만 자기가 할 수 있는 것은 자기가 하고, 할 수 없는 것은 다른 사람에게 부탁하는 것이라면 연습할 수 있습니다. 그것이 '자율'입니다.

자율 스킬을 익히기 위한 원점은 자존감을 갖는 것입니다. 즉, 자신은 이런 일을 할 수 있다고 자신을 가지고 말할 수 있는 것입니다. 할 수 있는 것에 자신감을 가지고 있으면 할 수 없는 것에 대해서도 자신감을 가지고 '나는 이것은 할 수 없어' 하고 판단할 수 있습니다. 자기 능력의 한계도 제대로 파악합니다. 그런 것에 주눅 들 필요는 없습니다. 이것이 자율 스킬입니다.

'소셜 스킬'이라는 것은 사회성입니다. 자폐 스펙트럼인에게 필요한 소셜 스킬은 '규칙을 지킬 수 있는 것'과 '다른 사람에게 상담할 수 있는 것', 이 두 가지입니다. 남들에게 맞추는 것이 아닙니다.

이것이 중요합니다.

　다른 사람에게 맞추려고 지나치게 의식했던 자폐 스펙트럼인은 성인기에 사회 적응이 오히려 나빠지기 쉽습니다. 사람들이란 개개인에 따라 의견이 다르고, 같은 사람이라도 말이 자꾸 변하기 때문에 일관성이 없는 경우도 있습니다.

　자폐 스펙트럼인들은 원래 다른 사람의 의도를 짐작하는 것에 서툴기 때문에, 다른 사람에게 맞추려고 지나치게 의식하다 보면 다른 사람의 의견을 이해하는 것만으로도 전력을 쏟아야 하므로 자기의 확고한 판단 기준을 갖지 못한 채로 있게 됩니다.

　사회성을 익힐 때의 기본은 '일관성 있는 규칙을 지키는 것'입니다. 자폐 스펙트럼인들은 다른 사람에게 맞추는 것보다도 이쪽을 자신감을 가지고 제대로 익힐 수 있습니다. 또한 자기 능력의 한계를 파악하는 것이 중요하다고 했듯이, 자기 능력을 넘어서는 일이라고 생각한다면 떳떳하게 다른 사람에게 상담하는 습관을 들이는 것도 중요합니다.

　단, 자폐 스펙트럼인은 다른 사람이 규칙을 지키지 않을 때 유난스럽게 비판하거나 지나치게 비난을 해서 폐를 끼치기도 하기 때문에 그 부분의 대응에 대해 가르쳐 둘 필요가 있습니다. 요컨대 '다른 사람이 규칙 위반을 하는 것은 분명히 문제이지만, 네가 그곳 책임자가 아닌 경우에는 그 사람한테 주의를 주는 것은 책임자한테 맡긴다'라는 것을 가르쳐 두면 좋겠습니다.

　어떻든 간에, '규칙을 지킨다면, 남들과 다른 것을 하는 것은 좋은 거야'라는 가치관을 토대로 자란 자폐 스펙트럼인은 얼마든지 온화하고, 성실하고, 의욕이 있고, 밝고, 창의적인 성인이 될 수 있습니다.

장애의 유무나 정도를 좌우하는 것은 '일상생활 능력'

장애가 있는 사람에게 지급되는 '장애 기초 연금'(일본에서 국민연금법에 기초하여 장애인에게 지급하는 공적 연금으로, 지적 장애인의 경우에는 만 20살부터 받을 수 있다. 다른 사람의 돌봄이 어느 정도 필요한지에 따라 1급과 2급으로 나누어 차등 지급한다. 성인이 된 중증 지적 장애인은 여기에 더해 특별 장애 수당 등 다른 보조금을 받을 수 있다. 20세 미만의 지적 장애인은 특별 아동 부양 수당과 장애아 복지 수당 등을 수급할 수 있다 - 옮긴이)이라는 것이 있습니다. 정신 장애가 있는 사람들이 장애 기초 연금을 신청할 때 주치의가 작성하는 진단서에서 그 사람이 연금 수급 요건에 해당되는지, 만일 해당된다면 어떤 등급이 적절한지 판단하는 기준은 일상생활에서 어느 정도의 지원이 필요한가 하는 것입니다. '일상생활 능력'은 다음 7개 항목으로 판단합니다.

1. **적절한 식사**: 상을 차리는 등 식사 준비를 포함해서 적당량을 균형 있게 섭취하는 것이 거의 가능하다.
2. **신변의 청결 유지**: 세수, 머리 감기, 목욕 등 신체의 위생 유지 및 옷 갈아입기 등을 할 수 있다. 또한 자기 방 청소와 정리정돈을 할 수 있다.

3. **금전 관리와 장보기**: 돈을 혼자 힘으로 적절하게 관리, 변통하는 것이 거의 가능하다. 또한 혼자 장을 볼 수 있고 계획적인 소비가 거의 가능하다.
4. **통원과 복약**: 규칙적으로 병원에 가고 약을 복용하며, 병의 증상 등을 주치의에게 전달할 수 있다.
5. **의사 전달 및 대인 관계**: 다른 사람의 이야기를 듣고 자기 의사를 상대방에게 전달할 수 있다. 집단적 행동을 할 수 있다.
6. **신변의 안전 유지 및 위기 대응**: 사고 등 위험으로부터 스스로를 지킬 능력이 있다. 평상시와 다른 사태가 일어났을 때 다른 사람에게 도움을 요청하는 것을 포함, 적절하게 대처할 수 있다.
7. **사회성**: 은행에서 돈을 입출금하는 것과 공공시설 등의 이용을 혼자 할 수 있다. 또한 사회생활에 필요한 수속을 할 수 있다.

이상입니다. 진단서의 이 항목에는 빨간 글씨로 "혼자 생활하는 것이 가능한지 여부를 기준으로 판단해 주십시오"라는 단서가 붙어 있습니다. 즉, 혼자 생활할 때 어느 정도 일상생활이 가능한지가 중요하다는 것입니다.

각 항목의 내용을 보면, 이 책에서 강조하는 자율 스킬과 소셜 스킬 바로 그것입니다. 여기에서도 알 수 있듯, 어른이 되었을 때 어느 정도 장애가 남는지를 좌우하는 것은 자율 스킬과 소셜 스킬로 증명되는 '일상생활 능력'입니다.

한편, 진단 항목에는 학력이나 학업 능력에 관한 것은 전혀 없습니다. 만일 자녀분이 발달 장애인 데다 공부를 잘하지 못한다면 공부를 아무리 시켜도 장애가 경감되는 것은 아닙니다. 그보다도 여기에 든 7개 항목 같은 일상생활 능력을 익히기 위한 방안을 가르치는 쪽이 훨씬 유용합니다.

물론 이 항목들도 어려워하는 사람이 많은 것은 사실이지만, 그런 경우에도 특별 훈련을 시키면 안 됩니다. 무리하지 않는 속도로 가르치십시오. 장애의 경감에 직결되는 것은 이러한 생활력을 키워 가는 것입니다.

사람은 일상생활 속에서 다양한 활동을 스스로 계획하거나 시도해 봄으로써 현실 사회를 살아가는 감각을 얻습니다. 중요한 것은, 어떤 일을 해 보고, 실패했을 때는 반성을 통해 좀 수정을 해 보고, 다시 해 보고, 마침내 해 내서 기뻐하는, 그런 체험을 얼마나 쌓는가 하는 것입니다.

예를 들면 아이가 전철을 좋아한다면 이번 휴일에 어디에 가고 무슨 무슨 전철을 타고 어디에서 휴게 시간을 가질 것인지, 스스로 시간표를 보고 계획을 세웁니다. 그러고 그 계획대로 갔다가 돌아와서 즐거웠다고 말하는 하루를 보냅니다. 그런 체험이 살아 있다는 실감이 되는 것입니다. 요리도 마찬가지입니다. 요리책을 보고 어떤 것을 만들어 보려고 생각해서 스스로 재료를 사 와서 만들어 봅니다. 완성해서 먹어 보고 맛있었다고 느끼는, 그런 체험이 중요합니다.

생애 단계에 맞춘 지원 : 열쇠는 사춘기에 있다!

어떤 일을 제대로 할 수 없는 사람에게 특별한 배려를 하는 경우가 있습니다. 그런 경우에 두 가지 종류의 사고방식이 있습니다. '특별 훈련을 시킨다'와 '부담을 줄여 준다'라는 것입니다.

아직 어린 아이에게 특별 훈련을 시키지는 않습니다. 2살 아이에게 구구단을 하루에 2시간씩 연습시키는 어른은 없습니다. 그것은 독자 여러분들도 쉽게 이해할 수 있을 것입니다. 흔히들 '철이 든다'라고 말합니다. 세상만사가 저절로 이해되기 시작하는 것을 이르는 말로, 보통 유아기를 지난 무렵의 시기에 해당됩니다.

일반인에게 철이 들기 전 시기에 특별 훈련을 시키지는 않습니다. 그 아이 스스로가 '힘든 특별 훈련을 이겨내고라도 이렇게 될 거야' 하고 생각할 수 있을 만한 목표나 동기를 아직 갖고 있지 않기 때문입니다. 그 시기에 특별 훈련 같은 것을 한다면 그 아이의 마음 건강을 크게 해치고 맙니다.

자폐 스펙트럼 아동들에게도 철이 들기 전에 특별 훈련을 강요하면 마음 건강을 해칩니다. 이른바 '2차적 문제'를 유발할 위험성이 높아집니다. 여기서 문제가 되는 것은, 그러면 자폐 스펙트럼인들이 철이 드는 것은 언제쯤인가 하는 것입니다.

저는 제가 담당하는 비장애 자폐 스펙트럼 성인들에게 자주 "언제쯤부터 세상일이나 자기 주변에 관심을 갖게 되었습니까?"라고 물어봅니다. 그러면 놀랍게도 많은 사람들의 대답이 일치합니다. 그것은 "중학생 무렵"이라는 대답입니다.

실제로 내담자의 어린 시절부터 담당해서 성인기에 이른 사람들의 경과를 직접 관찰해 온 경험에서 보아도, 사춘기의 어느 시기부터 갑자기 어른스럽게 분별 있는 언동이 느는 사람이 많습니다. 즉, 자폐 스펙트럼인들이 철이 드는 것은 사춘기라고 생각됩니다.

이것은 지원에 대해 생각할 때 지극히 중요한 시사점입니다. 왜냐하면 **자폐 스펙트럼 아동에 대해서는 적어도 초등학교 고학년까지 특별 훈련을 시키면 안 된다**는 뜻이기 때문입니다. 이것은 부모님들뿐만 아니라 초등학교 선생님에게도 강조해 둘 사항입니다. 학교 선생님들도 아무래도 아이가 분발하게끔 독려하는 분들이 많습니다.

성격면에서도 자폐 스펙트럼인들은, 전에는 갖가지 행동 문제가 있었던 사람조차도 대부분 사춘기 이후에는 놀랄 정도로 성실해집니다. 철이 들기 전, 아직 주위가 파악되지 않아서 악의 없이 여러 문제를 일으켰지만 철이 든 사춘기 이후에는 주위를 인식하고 성실해지는 것입니다. 그때, 자신감을 갖고 있는 사람은 그 성실함이 향상심으로 이어집니다. 반면, 자신감이 없는 상태로 성실함이 몸에 배면 억울해하고 내성적이며 불안이 강해집니다.

그림 3을 보시기 바랍니다. 의욕을 에너지로 비유하면 사춘기까지는 의욕 에너지를 키우는 시기입니다. 사춘기에 이르러 의욕 에너지가 어느 일정한 수준(여기서는 '**저축의 분기선**'이라고 부르기로 합시다)을 넘어서면 그 이후에는 시련에 직면해도 그것을 극복해 가려는 의욕이 자연히 솟아나게 됩니다.

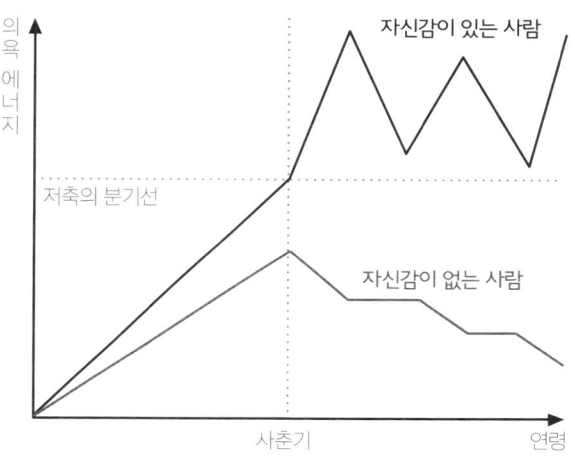

그림3 의욕의 저축과 소비

　　그러나 사춘기까지 의욕 에너지를 계속 소모하여 '저축의 분기선'에 도달하지 못하면 사춘기 이후에는 약간의 시련에도 의욕 에너지가 감소되어 버립니다. 일정한 예금이 저축되면 다소 지출이 있어도 이자로 대응할 수 있는 데 비하여, 예금이 적으면 조금만 지출을 해도 원금이 쪼그라드는 것과 비슷합니다.

　　이렇게 생각하면 자폐 스펙트럼에 대한 지원은 사춘기 전후로 나누어 생각하는 것이 좋다는 것을 알 수 있습니다. 사춘기 이전은 의욕 에너지를 저축하는 시기입니다. 지원을 할 때는 1. 보호적 환경을 제공할 것, 2. 잘하는 것을 충분히 지키고 보호해 줄 것, 3. 못하는 것에 대한 특별 훈련을 최대한 시키지 않을 것, 4. 어른에게 상담해서 잘 해결되었다는 경험을 갖게 할 것, 이 네 가지를 유의 합시다.

의욕 에너지가 충분히 저축되었다면 사춘기 이후 다소 어려움이 닥쳐도 스스로 의욕적으로 맞설 수 있게 됩니다. 지원에 있어서는 당사자의 시행착오에 대해 주위 사람들이 지원하는 시스템을 만드는 것이 중요합니다.

2. 사춘기 이전의 지원

지원의 원칙

우리가 지원할 수 있는 것을 보자면, 좁은 의미의 자폐 스펙트럼 장애를 줄이는 것에는 한계가 있는 듯합니다. 그러나 자폐증 특징이 약한 사람들 중에서 2차적 문제를 일으키는 경우를 조금이라도 억제하여 2차 장애가 없는 자폐 스펙트럼인들을 증가시키는 것은 목표로 삼을 수 있습니다.

사춘기 이전의 지원에서 가장 중요한 과제는 2차적 문제의 예방입니다. 2차적 문제에서 가장 일어나기 쉬운 것은 괴롭힘 피해, 등교 거부입니다. 더욱이 이것은 만성적으로 장기화되어 은둔형 외톨이 상태로 이행됩니다. 이것을 어떻게 예방할지가 중요합니다.

사춘기 이전, 즉 의욕 에너지를 축적할 시기의 지원에서 실천해야 할 것은 다음 네 가지입니다.

(1) 보호적 환경을 제공할 것

우선, 실패 경험을 절대로 하지 않도록 사전 준비를 하는 것이 중요합니다. "실패에서 배울 것은 많다"라고 하는 사람이 있습니다. "세상은 험하니 자기 뜻대로 되지 않는 것도 많다는 것을 가르치고 싶다", "참는 것을 가르치겠다" 등으로 말하기도 합니다.

그러나 초등학생 때는 세상의 거친 파도에 시달릴 필요가 없습니다. 오히려 거친 파도에 시달려서는 안 됩니다. 이 시기에 거친 파도에 시달리면 좋은 공부가 되는 것이 아니라 트라우마로 남아 장래에 플래시 백(flashback: 과거에 겪은 특정 기억이 갑자기 떠올라서 마치 현재에 겪고 있는 것처럼 생생하게 느껴지는 현상 - 옮긴이)을 일으키기 쉽게 됩니다.

거친 파도에 시달리지 않고 보호적 환경에서 자란 아이들 쪽이 자신감을 갖게 됩니다. 자신감은 허세라도 전혀 상관없습니다. 다른 사람이 보기에는 왜 이런 하찮은 것으로 자신감을 갖는가 하고 생각할 만한 것일지라도 역시 자신감을 갖고 자라는 사람이 성인기에 적응을 잘 하게 됩니다.

(2) 잘하는 것을 충분히 지키고 보호해 줄 것

잘하는 것을 생활 속에서 충분히 지켜 줌으로써 자신감을 형성하게 합니다. 이때, 칭찬하는 방법이 중요합니다. 일반적으로 부모님은 자녀의 연령이 올라감에 따라 부모님이 시키고 싶은 것을 아이가 열심히 했을 때만 칭찬하게 됩니다. 한편, 아이가 잘하는 부분은 어느새 '잘하는 것이 당연'하다고 생각하고 점점 칭찬하지 않게 됩니다.

그러나 사실은 그 반대로, 아이가 가장 칭찬받기를 원하는 것은 자기가 잘하는 부분입니다. 게다가 여느 사람들과는 다른 점에 바로 칭찬해야 할 부분이 있을지도 모릅니다. 아이가 잘하는 것, 여느 사람과 다른 점이야말로 칭찬해야 한다는 것을 반드시 의식해 주십시오.

(3) 못하는 것에 대한 특별 훈련을 최대한 시키지 않을 것

사춘기 이전에 취약 영역 극복을 위한 특별 훈련을 계속 시키는 것은 2차적 문제를 발생시킬 위험성을 높입니다. 특별 훈련은 본디 강요하는 것이 아닙니다. 사춘기 이후에 자발적인 동기 부여가 되면 본인이 필요하다고 생각하는 것에 대해서는 자기가 알아서 특별 훈련을 시작할 것입니다.

(4) 어른에게 상담해서 잘 해결되었다는 경험을 갖게 할 것

상담은 자폐 스펙트럼인들이 가장 어려워하는 의사소통입니다. 남들한테 상관도 없는 이야기를 가지고는 웅변을 토하면서, 본인에게 가장 고민스러운 일에 대해서 중요한 순간에는 이야기하지 않는 것이 성인기에조차도 많은 자폐 스펙트럼인들에게 보입니다.

유아기부터 학령기에 걸쳐서는 '저 사람한테 이야기했더니 상황이 나아졌다'라는 경험을 쌓게 하는 것이 중요합니다. '상담'이

라는 형식을 취하지 않아도, 상담하려고 꼭 의식하고 있지 않더라도 상관없습니다. 무엇인가 잘 되지 않으면 울거나, 소란을 피우거나, 엄마한테 '해 줘' 하고 요구하는 등의 의사소통 행동이 장래에 상담을 하게 될 시발점입니다.

그러므로 "그 정도는 스스로 하거라" 하고 떨쳐 내지 않고, 무엇을 못 하는지, 무엇을 해 줬으면 하는지를 주의 깊게 확인하고, 아이에게 다가가 붙어서 함께 문제를 해결하는 자세를 보여야 합니다. 여기에서 시각적으로 순서를 제시하고 그 순서에 따라 아이가 문제를 해결할 수 있다면 더 바랄 것이 없습니다.

조기 발견

자폐 스펙트럼의 특징은 아무리 일찍부터 지원해도 완전히 사라지지는 않습니다. 그러나 이른 시기부터 특유의 발달 유형에 맞춘 육아법과 아이 대하는 법을 부모님과 주변 사람들이 알아 두면 2차적 문제를 예방할 수는 있습니다.

또한 2차적 문제가 생기려고 할 때 신속하게 대처할 수 있는 준비를 해 두어야 합니다. 따라서 영유아기에 어떤 특징이 나타나는 경우에는 자폐 스펙트럼의 발달 유형에 입각한 조기 지원을 개시하는 것이 좋습니다.

자폐 스펙트럼 아동에 대해 부모님들이 처음으로 인지하게 되는 문제는 '부모의 지시를 따르지 않는다', '또래 아이들과 놀지 않는다', '가만히 있지 못한다', '분노발작을 일으키기 쉽다' 등입니다.

그러나 이런 문제들은 부모님의 시점에서 표현한 것이고, 아이의 입장에서 보자면 문제의 내용은 달라집니다. 즉, '나는 하기 싫은데 엄마 아빠가 강요해서 힘들다', '또래 아이들한테는 관심이 없다', '차분히 놀 수 있을 만한 놀거리가 없다', '어리둥절하는 일이 많아서 불안하다' 등입니다.

부모님이 본인들 시점으로밖에 보지 못하고 아이의 시점을 깨닫지 못하면 부모 자신의 초조함으로 인해 과도하게 질책하거나 강제적으로 억압하게 될 수도 있습니다. 질책이나 억압은 아이 쪽에 더 심한 위화감을 생기게 하여 부모님도 아이도 늘 일상적으로 스트레스를 쌓아 가게 됩니다. 이런 상태가 계속되는 것이 아이에게 사춘기 이후 우울증, 불안 장애, 은둔형 외톨이 등 2차 문제를 발생시키는 간접적 원인이 됩니다.

영유아기에 자폐 스펙트럼을 조기 발견하여 조기 지원을 시작하는 것은 이런 2차 문제의 예방이라는 관점에서 매우 중요합니다. 즉, 부모님이 자신의 문제와 아이의 문제를 정리하여 스스로의 고민을 상담하면서 아이의 시점에서 육아 방법과 지원을 받는 법에 관해 배우는 것은 시작하는 시기가 빠르면 빠를수록 효과적입니다.

일본에는 자폐 스펙트럼의 조기 발견을 선구적으로 실행하고 있는 지역이 몇 군데 있습니다. 이들 지역에서 조기 대응을 하는 기본 지점은 1세 6개월 검진입니다. 다만, 1세 6개월 검진에서 모든 자폐 스펙트럼 아동이 파악되는 것은 아닙니다. 거기서 놓친 부분에 대해서는 3세아 검진에서 보게 됩니다. 지역 유치원과 어린이집 선생님들이 자폐 스펙트럼 아동들을 분별할 역량이 있는 지역에서는 5세가 될 때까지는 이미 대부분의 아동이 파악되게 됩니다.

영유아기에는 자폐 스펙트럼의 특징이 확실히 나타나기 어려운 경우가 많기 때문에 단 한 번뿐인 영유아 검진만으로 높은 정확도를 가지고 발견하기는 어렵습니다. 따라서 최초의 검진 단계에서는 자폐 스펙트럼뿐만 아니라 어떤 이유로든 지원이 필요할 것 같은 아동을 모두 추출하여 가정 방문이나 전화 상담, 부모와 자녀가 참가하는 놀이 교실, 임상 심리사에 의한 개별 상담 등 다양한 육아 지원 활동을 통하여 대상자의 범위를 축소시켜 가는 과정을 거칩니다.

점뿐만 아니라 선으로도 보는 이 과정을 우리는 '추출 압축법'이라고 일컫고 있습니다.

육아에 관한 다양한 상담을 지속하기 위한 단서인 영유아 검진을 '추출' 단계로, 이어지는 추적 관찰 활동을 '압축' 단계로 하는 명확한 육아 지원의 틀을 가짐으로써 부모의 정신 건강에 대한 배려를 할 수 있게 되고, 높은 윤리성과 정확도를 가지고 발달 장애의 조기 발견을 실천할 수 있습니다.

이런 방법을 지역에서 확보하기 위해서는 보건사(일본의 보건의료 체계에서 보건 지도 등 지역 간호를 담당하는 전문직 - 옮긴이), 유치원 및 어린이집, 의료 기관, 아동 상담소, 지역 의료 센터 등 아동 발달에 관련된 다양한 관계 기관이 네트워크를 만들어야 합니다.

부모의 인식과 진단 고지

영유아 검진 등에서 전문가가 아동의 발달 문제를 인식했을 때, 바로 그 자리에서 부모에게 전달하는 것은 매우 어려운 일입니다. 우선, 부모가 아이의 문제를 전문가가 아는 내용과 동일하게 인식하고 있는지 어떤지 알 수 없습니다. 설령 알고 있다고 해도 아이의 문제가 장래에까지 계속되어 성인이 된 후에도 남아 있을 특성이라는 측면까지 파악하고 있는 경우는 드뭅니다. 이 시기의 부모는 '아이의 발달 문제를 눈치채고 걱정하는 상태'와 '지금 나타나는 문제는 일시적인 것이며 결국 괜찮아질 것이라고 생각하고 싶은 상태'의 사이에서 흔들리고 있습니다.

아이의 발달 문제를 부모에게 전달할 때 또 한 가지 딜레마가 있습니다. 자폐 스펙트럼인들은 모든 영역에서 발달이 똑같이 지연되는 것이 아니라 발달에서 강한 영역과 약한 영역이 제각기 나타나는 것이 특징입니다.

발달 문제를 부모에게 전할 때는 아이의 지연된 영역을 지적해야 합니다. 그러나 지원에서는 지연된 영역을 훈련시키는 것보다도 잘하는 영역을 키워 주는 쪽이 중요합니다. 이것을 잘 전달하는 것이 어렵습니다.

우리 아이에게 지연된 영역이 있다는 말을 들은 부모들 대다수는 이른 시기부터 훈련을 거듭해서 시키면 언젠가는 다른 아이들을 따라잡을 수 있지 않을까 하고 생각합니다. 잘 못하는 영역이 한정되어 있을수록, 또한 지연 정도가 가볍게 보일수록 그런 생각은 강해집니다.

그러나 실제로 훈련을 시켜 보면 일이 그리 간단히 해결되지 않습니다. 그 결과 부모는 더욱 초조해지고 아이에 대한 부정이나 질책이 서서히 가속화되어 2차 문제가 발생할 위험도가 높아집니다.

한편, 잘 못하는 영역에 대한 명확한 말을 피하고 잘하는 영역만 지적한다면 부모에게 아이의 특징을 인식시킬 수가 없습니다. '전문가가 아무 지적도 안 했으니까 우리 아이는 괜찮아' 하고 생각한 부모 또한 결국에는 아이가 못하는 영역을 신경 쓰게 되어 '문제없는 아이니까 못하는 것도 노력하면 극복할 수 있을 것'이라고 생각하여 과도한 훈련을 시키게 됩니다.

아동의 발달 문제를 부모에게 전달할 때는 그 아동의 발달에서 잘하는 영역과 못하는 영역이 있다는 것을 구체적으로 제시하고, 그 특성이 평생 지속될 가능성이 높다는 것을 확실하게 전달해야 합니다. 그리고 나서, 부족한 영역의 훈련에 비중을 너무 두면 2차적인 문제가 발생할 위험성이 높아진다는 것, 잘하는 영역을 키워 줌으로써 본인의 자존감을 높이는 것이 가장 필요한 지원이라는 것을 전달해야만 합니다.

이런 것을 모두 포함해서 설명한 후에 진단명을 알리는 것이 진단 고지입니다. 적절한 진단 고지를 함으로써 부모가 아이에 대해 '치료해야 할 "질병"'을 가지고 있다고 받아들이는 것이 아니라 '지원해야 할 소수파 "종족"이라고 인식할 수 있도록 도와야 합니다.

아동의 발달 문제에 대해 전달했을 때 모든 부모가 똑같은 인식을 하는 것은 아닙니다. 이 문제를 전할 때는 부모의 성격이나 가족 내 인간관계(부모, 조부모 등)에 대해 평가를 할 필요가 있습니다. 여기에서 지원-평가-고지라는 순환을 반복해 가는 것이 중요합니다.

영유아 검진에서 아동의 발달 문제를 인식한 경우, 우선은 부모에게 간단하게 전달해 보고 부모가 이미 그 문제를 인식하고 있는지 여부를 확인합니다. 다음은, 그 문제에 대한 대책이 될 지원 계획을 제안하고 부모의 동의하에서 실천해 봅니다. 어느 정도 실천했으면 그 결과에 대해 평가하고, 그것을 부모에게 보고함과 동시에 부모의 반응을 평가합니다. 그러고 나서 다음 지원 계획을 세우는 방식으로 진행해 갑니다.

평가, 지원 계획, 실제 지원 내용과 그 결과에 따라 지원자와 부모 사이에 어떤 신뢰 관계가 생기는지도 평가해 두어야 합니다. 설령 부모가 이미 아이의 문제를 인식하고 있다고 해도 다른 사람에게서 문제만 지적받으면 비난받는 듯한 느낌을 갖게 되기 쉽습니다. 반면 그 문제에 대한 대책을 세우고, 실행하고, 결과를 검증하는 과정을 공유하려는 자세를 보이는 지원자에 대해서는 신뢰를 갖게 될 가능성이 높습니다.

부모와 지원자 사이에 어느 정도 신뢰 관계가 형성되면 부모의 정신 건강을 배려하면서 아이의 특성에 대해 배울 자리를 마련합니다. 혼자서 배우는 것보다 같은 고민을 가진 부모들끼리 소모임으로 배우는 쪽이 좋은 사람에게는 그룹 워크를 도입합니다.

부모 모임을 만드는 방법으로는 비슷한 입장의 사람들로 이루어진 횡적 관계에 의한 '**피어 카운슬링**'과, 선배가 후배에게 조언을 해주는 '**멘토링**'의 두 종류가 있습니다. 피어 카운슬링에 대해서는 최근에는 '페어런트 트레이닝', 또는 '페어런트 서포트 프로그램' 등 통합 프로그램이 개발되어 있습니다. 멘토링에 대해서는 일본 자폐증 협회 등이 '페어런트 멘토'의 육성과 보급 사업을 실시하고 있습니다.

'조기 치료'의 함정

일반적인 질병에서는 일찍 발견할수록 낫기 쉬운 경우에 조기 발견이 권장됩니다. 그래서인지 자폐 스펙트럼에서 "조기 발견이 중요"하다고 하면 부모들뿐만 아니라 일부 지원자들까지 '빠르면 빠를수록 자폐 스펙트럼이라는 "병"이 낫기 쉬운 것이 아닐까' 하고 오해를 합니다.

과거, 자폐증에 대해 유아기 조기부터 시작하는 '조기 치료법'이 다양하게 시도되었습니다. 현재 그중에서 효과가 있다고 주장되고 있는 것들 다수는 영유아기 애착 이론이나 행동 이론을 기반으로 발달 이상을 수정하려는 것들입니다. 정상 발달에서 지연되어 있거나 벗어나 있는 부분은 정상에 가깝게 하고, 정상 아동이 하지 않는 것을 할 경우에는 하지 않도록 교정합니다.

이런 방법은 확실히 아동들의 행동을 어느 정도 변화시킬 수 있기 때문에 생활 속에서 아동 자신, 또는 주위 사람들이 힘들어하는 행동 문제를 경감시키고자 할 때 사용하면 효과가 있습니다. 또한 자폐 스펙트럼 아동들 가운데에는 유아기 조기부터 이 방법으로 지원을 받고 나서 발달 문제를 인식했던 시점에 비해 대인 관계가 개선되거나, 지능 지수가 상승하거나, 발화가 향상되는 경우가 있습니다.

이런 결과들에 대해 이 '치료법'을 추진했던 사람들은 '치료 효과'라고 말하며 강조합니다. 그러나 여기에는 함정이 있음에 주의해야 합니다.

빠르면 돌이 지난 직후의 전반기, 늦어도 3세부터 조기 지원을 시작하여 그 후 적어도 10년 이상 제가 외래를 통해 정기적인 진찰을 하고 있는 자폐 스펙트럼인들은 수백 명에 이릅니다. 이 사람들 중에는 다양한 '치료법'을 시도했던 사람들이 포함되어 있습니다.

어떤 치료법을 썼든 유아기에 나타났던 문제가 전혀 개선되지 않았던 경우는 없습니다. 연령과 더불어 유아기보다는 성장을 했고, 대인 행동도 개선되었습니다. 그러나 저는 지금까지 자폐 스펙트럼의 특징이 완전히 없어졌다고 단언할 수 있는 사람은 한 사람도 경험하지 못했습니다.

다양한 '치료법'에서는 치료 효과로 지능 지수의 상승을 제시합니다. '치료 시작 당시와 비교하여 일정한 치료를 실시한 후에 IQ가 향상되었고, 그중에는 정상 범위에 들어간 사람도 있다. 그러므로 이 치료는 효과가 있었다'라는 주장입니다. 하지만 내가 담당했던 아동들 가운데에는 그런 치료법을 쓰지 않았어도 IQ가 향상된 사람도 있는가 하면, 그런 치료법을 받았어도 IQ가 향상되지 않았던 사람도 있습니다.

IQ에 관해서 말하자면, 지역의 발달 장애 아동들의 지원을 전적으로 도맡는 기초 요육 센터가 있는 지역에서는 지원을 시작한 연령과 그 아동의 취학시 IQ는 관련성이 있습니다. 그러나 이 관련성이란, '지원 개시 연령이 낮을수록 IQ가 낮다'라는 것입니다. 조기 발견을 해서 낫기 쉽다면, 관계는 그 반대가 되어야 할 것입니다. 그러나 그렇지 않은 것입니다.

지원 개시 연령이 낮을수록 IQ가 낮은 까닭은 IQ가 낮은 아동 쪽이 일찍 발견되기 쉽기 때문입니다. 그런 뚜렷한 사실을 뒤집을 정도로 효과를 보이는 '치료법'을 저는 알지 못합니다.

IQ가 향상되어도 자폐증이 낫는 것은 아니다

IQ가 향상되어도 자폐증이 낫지는 않습니다. 지적 발달 지연은 없어질 수도 있지만, 자폐 스펙트럼의 특징은 남습니다. 그러면 원래 IQ가 높았던 사람은 어떻게 될까요?

다음 그림 4는 우리가 이전에 실시했던 조사 결과입니다. 유아기(5세 이전)부터 우리가 직접 담당했던 지적 장애가 없는 유형의 자폐 스펙트럼인들로, 그 상태의 변화를 1년마다 관찰하여 10세까지 조사한 것입니다.

5세에 자폐 스펙트럼의 특징이 강하고 '자폐증'으로 진단된 사람 중 다수는 10세에는 자폐 스펙트럼의 특징이 약해지고 자폐 스펙트럼이지만 자폐증이라고까지는 할 수 없는 상태가 되었습니다.

그러면 5세에 자폐증이라고는 할 수 없는 상태였던 자폐 스펙트럼 아동들은 어떻게 되었을까요. 그들 가운데 10세 시점에서 자폐 스펙트럼이 아니게 된 아동은 한 명도 없었습니다. 한편, 5세에는 자폐 스펙트럼이 아닌, 다른 유형의 발달 장애라고 여겨졌던 아동 가운데 연령이 올라감과 함께 자폐 스펙트럼의 특징이 오히려 두드러지게 된 아동이 있었습니다.

이 조사의 대상이 된 아동들에 대하여 우리가 아무것도 하지 않고 방치했던 것은 아닙니다. 다양한 개입 방법을 시도하고 보호자 지원을 실천해 왔습니다. 이것을 보더라도 자폐 스펙트럼의 특징을 없애는 것이 얼마나 어려운지 알 수 있을 것입니다.

조기 지원을 실행할 때 중요한 것은, 이처럼 자폐 스펙트럼의 특징을 없애는 것이 현재의 기술로는 매우 어렵다는 전망을 부모님을 비롯한 주위 사람들이 일찍부터 알아 두는 것입니다. 그리고 자폐 스펙트럼인은 '치료해야 할 "병"을 가진 환자'가 아니라 '지원해야 할 소수파의 "종족"'이라는 인식을 가지는 것이 중요합니다.

그러나 앞서 제가 비판적으로 언급했던 많은 '치료법'은 이런 가장 중요한 예측을 명확히 전달하지 않은 채로 눈앞의 문제만 개선하려고 합니다. 눈앞에 있는 세세한 문제 하나 하나는 그것만을 본다면 조금씩 개선은 됩니다. 따라서 부모님이나 주변 사람들은 '이대로 이 치료를 계속하면 자폐 스펙트럼은 낫는다'라는 기대를 가지는 것입니다.

그것이 서서히 초조함을 낳습니다. 말은 그렇게 해도 시간이 지남에 따라 모든 문제가 해결되지는 않는다는 것을 부모님도 깨닫게 됩니다. 그러나 일단 '나을지도 모른다'고 기대한 부모님들은 이 단계에서 초조함이 극에 달하여 아이에게 무리한 과제를 설정합니다. 기대를 배신당하기 시작함에 따라 서서히 아이에 대하여 부정적인 감정이 생겨나는 부모님도 있습니다. 아이 자신도 이런 상황이 지속되면 스스로에 대한 평가를 낮추게 됩니다.

이렇게 되면 정말로 2차적 문제 발생에 직결됩니다. 실제로 아이가 유아기였을 때 이런 '치료법'에 열심히 몰두했지만, 사춘기 무렵이 되어 2차적 문제로 괴로워하게 되면서 그때 처음으로 우리가 담당하게 된 사례를 여러 건 경험했습니다.

이런 '치료법'에서 실행하는 기법 전부가 잘못되었다는 이야기는 아닙니다. 우리도 이런 방법론에서 사용하는 기법을 도입하는 경우가 많습니다. 문제는 아동의 장래에 대해 부모님에게 어떤 전망을 제시할 것인가 하는 것입니다.

"눈앞의 과제에 대해 한 걸음씩 꾸준히 노력해 나갈 뿐입니다"라는 말에 일본인들은 성실성을 느끼는 경향이 있습니다. 그러나 자폐 스펙트럼의 조기 지원과 관련해서 보자면 이런 말은 무책임할 뿐만 아니라 비인도적이기까지 합니다. 장래 전망을 제시하지 않고 당장의 과제만 하게 한다면 기껏 열심히 노력하는 것이 2차 문제 발생으로 가는 지름길이 될 수도 있습니다.

물론 지금은 그렇게 심각하게 보이지 않는 대인 관계 문제나 집착이 장래에도 남아 있을 것이라는 말을 듣더라도 부모님은 바로 실감이 나지 않거나 부정하고 싶은 마음일지도 모릅니다. 따라서 장래의 전망에 대해 전달할 때는 조금씩 전달하는 것이 좋은 경우도 있습니다. 하지만 장래에 가장 힘들어할 사람은 당사자라는 것을 생각하면 정확한 전망은 반드시 전달해야 합니다.

유아기부터 시작하는 '자율 스킬'과 '소셜 스킬'

제 경험에 따르면 자폐 스펙트럼의 특징이 강하게 남는 경우 그리고 다른 문제가 병존하는 경우에는 복지적 지원이 필요합니다. 자폐증의 특징을 경감시키는 것은 현재의 지원 기술로 얼마간 가능하다고 하더라도 한계가 있기 때문에 이들은 어찌 되었든 일정한 비율로 존재합니다.

병존하는 문제 중에 지적 장애(지능 검사에서 IQ 75~90의 경계 지능을 가진 사람들도 포함)를 동반하는 경우에도 반드시 복지적 지원이 필요합니다. 지적 장애 이외의 문제가 병존하는 경우에는 문제가 더욱 심각해지기 때문에 복지적 지원뿐만 아니라 의료를 포함한 여러 방면에서 긴밀한 지원이 필요하게 됩니다.

지적 장애 이외에 병존하기 쉬운 문제, 특히 등교 거부나 괴롭힘 피해 등 2차 문제는 조기 지원을 시작함으로써 예방할 수 있습니다. 혹은 그런 문제가 발생해도 심각해지는 것을 막을 수 있습니다.

조기 지원에 있어서 부모님에게 장래 전망을 전할 때 중요한 것은 '자폐 스펙트럼 증상을 전부 부정할 필요는 없다'는 내용도 함께 전달하는 것입니다. '비장애 자폐 스펙트럼'이라는 관점은 이때 도움이 됩니다. 특징이 남게 되어도 사회생활 속에서 잘 활용할 수 있는 부분도 있다는 것을 알릴 필요가 있습니다.

그러고 나서, 증상이 남는 것보다도 2차 문제의 발생을 예방하는 것이 더 중요하다는 것을 확실하게 알려야 합니다. 증상을 없애는 것이나 지능을 향상시키는 것에 더 관심을 가지기 쉬운 부모님일지라도 괴롭힘 피해나 등교 거부 예방이라는 부분은 함께 생각할 수 있습니다.

자폐 스펙트럼인들이 사회에 참여할 때 핵심이 되는 것은 자율 스킬과 소셜 스킬입니다. 자폐 스펙트럼의 특징이나 지적 장애의 정도에 따라서 이것을 익힐 수 있는 정도에는 개인차가 있습니다. 하지만 각자가 가능한 자율 스킬과 소셜 스킬을 익히는 것은 2차 문제 발생의 예방에도 직결됩니다. 이들 스킬이야말로 한시라도 빠른 시기부터 가르치기 시작할 가치가 있는 것입니다.

'합의'를 가르치자

자율 스킬과 소셜 스킬을 적절히 익히는 것은 자폐 스펙트럼인들에게 어려운 과제입니다.

자폐 스펙트럼 아동들 다수는 다른 사람의 시점에 대한 배려가 어려우므로 우선 소셜 스킬의 문제와 관련하여 많이 주목받는 것 같습니다. 예를 들면, 이 아이들은 '말을 듣지 않는다'라고 평가받기 쉽고, 부모님이나 선생님들은 이것을 어떻게 해서든 수정해 보려고 지시나 명령에 따르게 하는 연습을 시키고자 합니다.

강하게 명령하고서는 어기면 엄하게 벌 주기를 되풀이하면 자폐 스펙트럼 아동들 일부는 지시나 명령을 따르게 됩니다. 그러나 자기 의지를 완전히 억압하고 명령에 따르는 것에 집착한 결과 점점 스트레스가 쌓이게 됩니다. 사춘기 무렵이 되면 쌓아 두는 것에 한계가 오고, 거기서 정서적 불안정이 곧잘 나타나게 되는 것이 이런 지원의 전말입니다.

한편, 무슨 일이든 스스로 판단해서 행동하도록 가르치고 싶다고 하여 "자유롭게 하렴" 하고 무엇이든 일단 아이에게 허락하는 방법을 취하는 사람도 있습니다. 이런 방법에도 문제가 있습니다.

자폐 스펙트럼 아동들은 애매한 것이나 일관성이 없는 상황에 대해 현저하게 불안을 느낍니다. "자유롭게 하렴"이라는 말을 듣고서 아이가 무엇인가를 하려고 했을 때 끝까지 온전하게 자기 생각대로 하게 해 준다면 좋겠지만, 자유롭게 하게 해 주다가 어느 시점에서 "이제 그만하자", "아무리 자유라지만 더 이상은 안 돼"와 같이, 나중에 제동을 거는 말을 거의 예외 없이 듣게 됩니다. 거기서 매우 혼란스러워집니다.

때문에 자율 스킬과 소셜 스킬을 양립시키면서 익히게 하기 위해서 필요한 것은 '합의'라는 습관입니다.

'합의'란 누군가의 제안에 다른 사람이 동의하는 것입니다. '제안'은 지시나 명령이 아닙니다. 또한 '동의'는 복종이 아닙니다. 제안하기 위해서는 자율적 판단이 필요합니다. 한편, 다른 사람의 제안에 대해 동의하는 데는 그 제안이 자신에게 납득할 수 있는 것인지 아닌지 하는 판단과, 다른 사람과 자신의 의견을 대조하여 확인하는 과정이 요구됩니다. 즉, 합의가 성립되려면 자율 스킬과 소셜 스킬 둘 다 필요합니다.

가능한 한 이른 시기부터 합의를 통해 행동을 결정하는 습관을 들여야 합니다.

'구조화'는 합의의 시작

'구조화'라는 말이 있습니다. 사물에 일정한 질서를 부여할 때 그 질서를 알기 쉽도록 틀을 제시하는 것입니다. 임상 심리학이나 정신 의학에서는 일정한 목표를 두고 대인 관계를 조정할 필요가 있는 경우에, 참가자가 그런 대인 관계를 이해하기 쉽도록 틀을 제시하는 것을 '구조화'라고 합니다. 예를 들면 '구조화 면접'이라는 것은 질문 내용이나 순서에 일정한 규칙을 만들고 거기에 따라 면접을 실시하는 것입니다.

우리는 사회생활을 순탄하게 하기 위해 다양한 상황에서 구조화를 실행합니다. 예를 들어 도로의 신호등은 교통의 흐름을 구조화합니다. 유원지의 행사 같은 데서 '여기에 줄을 서세요'라는 간판을 두어 입장객이 정렬해서 기다릴 수 있도록 하는 것도 구조화의 하나입니다. 어떤 모임을 가질 때 그저 '여러분, 오세요' 하고 말하기만 한다고 모임이 열리지 않습니다. 시간과 장소를 정해서 그것을 참가자에게 통지합니다. 이렇게 틀을 설정하는 것도 구조화입니다.

대인 관계에서도 구조화는 필요합니다. 그리고 그것은 '합의' 형성에서 불가결한 요소입니다. 누군가와 만날 때는 사전에 연락을 취해서 만날 의향을 전하고, 시간과 장소를 약속합니다. 이것이 바로 합의하기 위한 구조화입니다.

자폐 스펙트럼인들을 대상으로 구조화를 할 때는 일반인들을 대상으로 할 때에 비해 더 깊은 연구가 필요합니다. 애매한 상황을 힘들어하는 것이나, 눈에 보이는 것에 충동적으로 사로잡히고 마는 성향으로 인해 일반인들에 비해 정보를 꼼꼼하게 제시하지 않으면 잘 이해하지 못합니다. 그런 점에서 시각적 정보 제시에 중점을 둔 구조화가 중요해집니다.

1970년대 이후 자폐인들을 대상으로 한 시각적 정보 제시의 방법에 관해 많은 연구가 축적되어 왔습니다. 일반 아동들에 대해서라면 구두, 즉 청각 정보를 통해 설명하거나 주의를 촉구하겠지만 자폐증 아동들에 대해서는 실물, 사진, 그림, 문자 등과 같은 시각 정보를 풍부하게 사용해서 제시하는 것입니다.

예를 들어, "지금부터 바깥에서 축구를 할 테니 옷을 갈아입고 운동장으로 나오세요"라는 전달은 유치원이나 어린이집에서도 구두로 하는 것이 보통입니다. 이런 상황에서 자폐증 아동들에게는 체육복, 운동장, 축구를 나타내는 실물, 사진, 그림, 문자 등을 사용해서 시각적으로 나타냅니다.

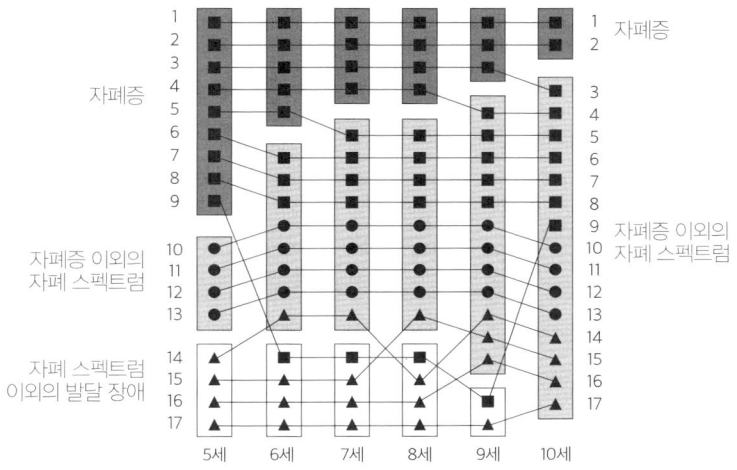

그림4 지적 장애가 없는 유형의 5세부터 10세까지의 특징 변화

(시미즈, 혼다 외, 2000)

　이런 구조화 방법의 필요성을 설명할 때, 전문가들은 대체로 "아이들이 이해하기 쉽게 하기 위해서"라고 말합니다. 이것에 전혀 이견은 없지만, 그것만으로는 설명이 부족하다고 생각합니다. 저는 이 구조화가 '합의'를 가르치는 첫 번째 단계라고 생각합니다.

　정보를 제시했을 때 아이들이 행동하는 까닭은 이해할 뿐만 아니라 '합의'하기 때문입니다. 그 부분을 오해한 부모님이나 지원자들은 구조화 방법을 사용하고서는 다음과 같이 느낀 점을 말합니다.

　"그림을 이용해 보았지만 아이는 전혀 말을 듣지 않았습니다."

　이처럼 어른이 바라는 것을 아이에게 시키기 위해서, 즉 명령의

도구로써 시각적 정보를 이용하는 것은 잘못된 것입니다. 시각적 정보는 어디까지나 아이에게 주목과 이해를 촉진시키기 위한 것입니다. 주목하고, 이해를 한 다음에, 싫다고 생각하면 아이는 거부합니다. 이해를 제대로 했다는 바로 그 사실로 인해, 자신의 판단으로 거부할 수 있는 것입니다.

구조화 방법을 이용하는 목적은 합의 형성의 습관을 들이는 것이라는 게 저의 의견입니다. 아직 타자와의 의사소통이 어려운 시기의 아이에게 구조화 방법을 사용할 때 가장 중요한 점은 '먼저 어른 쪽에서 정보를 제시하는 것'입니다. 아이가 먼저 어떤 것을 '하고 싶다'라고 요구했을 때 어른이 그것을 막으면 패닉을 유발하기 쉽습니다.

어른 쪽에서 제시할 때 중요한 점은, 특히 구조화 방법을 연습하기 시작한 단계에서는 '지금 이 시점에서 이 내용을 제시하면 아이가 할 마음이 들겠지' 하고 예측할 수 있는 내용을 중심에 두고 제시하는 것입니다. 만일 아이가 싫어하면 그 이상 강요하지 않습니다. 합의가 목적이기 때문에 제시해서 아이가 할 마음이 생기면 합니다. 할 마음이 들지 않으면 그만둡니다.

아이 쪽에서는 '이 사람이 정보를 제시하면 하고 싶은 마음이 든 적이 많다'라는 것을 의외로 잘 기억합니다. 거기에서 독특한 신뢰 관계가 서서히 형성됩니다. X 씨가 제시하면 의욕적이 되지만 Y 씨가 무언가를 제시하려고 하면 이내 도망가는 일이 일어난다면 'X 씨는 좋은 제안을 해 주는 사람, Y 씨는 싫은 제안만 하는 사람'이라는 것을 아이가 간파하게 되었기 때문입니다.

어릴 때부터 자신에게 의미 있는 활동을 제안해 주는 지원자가 많이 있는 상황에서 자라는 아이가 사람에 대한 신뢰 관계를 형성하기 쉽고, 성취감을 갖기 쉬울 것입니다.

사춘기까지 익혀 두었으면 하는 것

아이의 개성은 한 사람 한 사람 모두 다릅니다. 금방 습관이 드는 것, 좀처럼 습관이 들지 않는 것도 사람에 따라 다릅니다. 하지만 모든 아이에게 개성의 차이를 넘어 사춘기까지 익히게 하고 싶은 것이 있습니다. 그것은 어떠한 능력은 아닙니다. 자율 스킬과 소셜 스킬을 소중히 여기는 가치관과 그런 기술을 향상시켜 가려는 의욕입니다.

앞서, 자폐 스펙트럼인들에게 인생을 결정할 열쇠는 사춘기에 있다고 말했습니다. 사춘기에 이들 기술에 대한 가치관과 의욕을 가질 수 있는 사람들은 자신감과 향상심을 가지고 사회에 나갈 수 있습니다. 그러기 위해서는 사춘기 전에 무엇을 해 두면 좋을까요?

자율 스킬과 관련해서는, 나이를 먹으면서 스스로 사물을 구조화하는 것을 조금씩 연습합니다. 개별적인 이해력이나 의사소통 능력에 맞추어 자신이 할 일의 계획을 세우고, 일정표를 만드는 등 시각화를 연습합니다. 다만, 본인의 능력이나 흥미를 넘어서 복잡한 것을 시키려고 하면 의욕이 저하되어 버립니다. 약간만 머리를 쓰면 그간 혼자서 할 수 없었던 것을 할 수 있게 되는 체험을 조금씩 늘려 갈 수 있을 정도의 과제가 이상적입니다.

'어떤 일에 노력을 해서 그 노력이 보상받았다'라고 생각하는 사람은 자기 평가가 향상되고 의욕이 높아질 수 있습니다. 그러면 여러 가지 새로운 일에 더욱 도전해 보려는 마음이나 좋아하는 일을 진심으로 즐길 수 있는 마음을 가질 수 있습니다. 반면, 열심히 한 만큼 보상받았다는 기분이나 성취감을 갖지 못하고 자란 사람은 자기 평가가 저하됩니다. 언제나 쭈뼛거리고, 무슨 일이든 스스로 솔선해서 하지 못합니다.

소셜 스킬에서는 '보고, 연락, 상담'을 조금씩 가르칩니다. 사람은 무엇이든 자기 혼자서는 할 수 없습니다. 자신의 행동을 다른 사람이 파악해 두게끔 하는 습관을 들여야 합니다.

가령 회사원이 출장으로 외박을 할 때는 대개 "몇 월 몇 일은 출장으로 외박한다"라고 가족에게 이야기해 둡니다. 아무리 혼자 외박할 능력이 있어도 가족에게 알리지 않고 외박하면 행방불명자와 다를 것이 없습니다. 자신의 행동을 파악할 필요가 있는 사람에게 알리기 위해 보고하고 연락을 하는 것이 바로 사회성입니다.

그러므로 혼자서 할 수 있게 되는 것만 목표가 아니고, '다른 사람에게 보고를 할 수 있다', 무슨 일이 있을 때 '다른 사람에게 상담을 할 수 있다'라는 것이 중요합니다. 그런 습관을 들이기 위해서는 '무엇인가를 다른 사람과 함께 해서 좋은 결과로 끝났다'라는 체험을 할 필요가 있습니다.

이것을 제대로 배우지 못하면 '다른 사람과 함께 무엇인가를 한다'는 것에 관심이 없어지고, 문제가 생겼을 때 금세 포기해 버립니다. 고립되어 문제를 혼자 다 떠안게 됩니다. 게다가 피해 의식이 생겨나서 남의 탓을 하는 사람도 있습니다.

　이런 상태가 되면 주위에서 도움의 손길을 내밀고자 해도 다른 사람에 대한 불신감이 있어서 그런 도움도 거절하기 때문에 해결이 정말 어려워집니다. 다른 사람을 통해 배운 경험이 있으면 남과 무엇인가를 함께 하겠다는 의욕이 생기고 이것이 소셜 스킬로 연결됩니다.

　다른 사람을 통해 배우는 것은, 예를 들면 유아기 화장실 훈련에서 해 보는 것도 좋을 것입니다. 처음에는 부모님이 화장실에 데리고 가서 잘 하면 칭찬합니다. 의사소통이 조금 늘어서 화장실에 가고 싶다는 어떤 신호를 하면 부모님이 '아, 화장실이구나' 하고 눈치를 채고 함께 가서 무사히 볼 일을 마칩니다. 이런 식으로 다른 사람과 함께 하는 것에 대해 가르칩니다.

　여기에서도 구조화 방법이 도움이 됩니다. 유아기에는 어떤 일을 하기 위해 순서를 시각적으로 제시할 때, 처음이나 마지막에 반드시 특정인에게 보고한다는 절차를 넣어서 제시합니다. 그 경우, 정보를 전달받을 대상자에게 연락을 할 때도 보고받을 사람의 사진을 보이거나 이름을 적어 보이거나 해서 시각적으로 제시하면 좋습니다.

취약한 영역 극복 목적이라도 지나친 훈련은 금물

여러분이 다음과 같이 일반적으로 육아에서 반드시 필요하다고 생각하는 것들이 있을 것입니다. 그 가운데에도 특별 훈련으로 이어지는 경우가 있기 때문에 주의를 해야 합니다.

(1) 무리하게 인사를 시키기

본인이 아직 인사의 중요성을 이해하지 못하는 단계에서 무리하게 인사를 시키더라도 습관이 들지 않습니다. 자폐 스펙트럼 아동들은 초등학생 정도까지는 아침 조회 등에서 정식 구령이 있을 때 인사를 할 수 있는 정도면 잘하는 것입니다. 보통 때 무심코 누군가를 만난 상황에서는 인사를 하지 못하는 경우가 많습니다.

이럴 때 "우선 인사부터 해야지"라고 하는 것은 자폐 스펙트럼 아동들에게는 너무 요구 수준이 높습니다. 인사를 하지 않고 갑자기 어떤 이야기나 놀이를 시작해도 아무 문제 없습니다.

(2) 말을 많이 걸기

유아기에 의사소통을 잘하지 못하는 아이의 부모님들에게 "말을 많이 걸어 주세요"라고 지도하는 사람들이 있습니다. 이것도 취약 영역 극복을 위한 과도한 훈련으로 이어집니다. 자폐 스펙트럼 아동들에게는 말을 거는 양이 늘어나면 늘어날수록, 중요한 정보 외에 불필요한 정보가 늘어나서 결국 무슨 말을 듣고 있는지 이해할 수 없게 됩니다.

(3) 교과 학습 특별 훈련

가벼운 발달 지연으로 인한 경계성 지능의 아동들 중 다수는 초등학교 저학년에서 학습 부진을 겪습니다. 다만, 매우 현저한 부진이라고는 할 수 없습니다. 그 점이 함정입니다. 어떻게든 공부를 따라가게 하려고 부모님이 열심히 교과 학습을 특별 훈련시킵니다. 그 시간이 대부분을 차지해서 생활을 즐기거나 생활에 필요한 것을 배울 시간이 줄어듭니다.

사실 자폐 스펙트럼 아동은 장시간 공부를 해도 별로 머리에 들어오지 않습니다. 그러다가 문득 깨닫고 보면 자기 방 정리 하나 못하고, 장보기도 못하고, 신변에 관한 최소한의 일상적 일도 못하는 상태가 됩니다. 또한 공부에 많은 시간을 들이게 되면, 잘하는 것을 향상시킬 수도 없습니다. 이런 사람은 자신감을 잃기 쉽습니다.

게임에 대한 생각

한때, 게임 때문에 대인 관계가 서툰 아이들이 늘어난다고 일부 의사들이 주장했던 적이 있습니다. 자폐 스펙트럼 아동들은 사회적 교류가 약하긴 하지만 게임 때문에 자폐 스펙트럼이 되는 것은 아닙니다. 물론, 많은 자폐 스펙트럼 아동들은 게임을 아주 좋아합니다. 좋아하는 일에 몰두하는 특성이 있기 때문에 조심하지 않으면 하루 종일이라도 게임 삼매경에 빠질 수 있습니다.

한편, 부모님들은 아이에게 잘 못하는 공부를 열심히 시키고자 하는 마음이 강하여 공부하는 조건으로 게임을 허락한다고 거래를 하기도 합니다. 이런 거래는 절대로 해서는 안 됩니다. 여기서 말씀드리고 싶은 것은 '가상뿐인 생활에 미래는 없다'는 것입니다.

　게임을 좋아하고 공부를 싫어하는 아이는 부모님의 명령 때문에 흉내뿐인 공부를 억지로 하고 그 보상으로 나머지 대부분의 시간은 아주 좋아하는 게임에 몰두하는 생활을 하게 됩니다. 공부는 싫어하니까 집중하지 못하고, 1~2시간 책상 앞에서 시키는 대로 합니다. 끝나면 그 때부터 5~6시간은 게임에 푹 빠집니다. 정신을 차려 보면 학교에서 돌아와서 계속 게임을 하고, 밥을 먹고, 조금 공부하고, 또 게임을 하느라 밤을 새는 일상생활이 패턴이 됩니다.

　책상에서 하는 공부는 학년이 올라가면 올라갈수록 현실 생활에서 동떨어진 내용이 됩니다. 즉, 가상적이 됩니다. 어른이 되었을 때 x니 y니 피타고라스 정리니 하는 것은 일부 사람들 외에는 쓸 일이 없지요. 우리가 중고등학교 무렵에 공부하는 것 대부분은 어른이 되면 전혀 활용하지 않습니다. 그런 의미에서 고등 교육의 공부는 가상적이라고 할 수 있습니다. 게임도 물론 가상적입니다.

　즉, 생활이 '공부냐 게임이냐'가 된 사람은 현실 생활에서 점점 멀어져 갑니다. 그와 더불어 '현실 세계를 살아간다'라는 감각도 가질 수 없게 되어 버립니다.

　자폐 스펙트럼인은 게임에 빠지기 쉽습니다. 그렇다고 해서 요즘 세상에 게임을 무턱대고 금지할 수만도 없습니다. 하지만 만약 게임기나 게임과 관련된 것들을 사 준다면 공부를 한 데 따른 보상으로 게임을 하도록 해 주는 거래는 절대로 해서는 안 됩니다.

　게임 이외의 취미를 가능한 여러 가지 가지도록 하는 것이 매우 중요합니다. 되도록 야외에서 하는 취미가 있다면 좋겠지요. 그렇지 않으면 현실 생활을 살아가는 느낌이 들지 않게 됩니다. 꼭 운동을 할 필요는 없습니다. 산책도 좋고, 물건 사기도 좋습니다.

　'게임 외에 다른 취미를 발견해 보려 했더니 공부시킬 시간이 없다'라고 걱정이 될지도 모르겠습니다. 만일 '게임', '게임 이외의 취미', '공부' 세 가지 중 하나를 포기해야 한다면 무엇을 포기해야 할지 생각해 보십시오. 게임은 좋아하고, 공부는 매우 싫어하는 자녀분의 경우, 죄송하지만 공부는 이제 포기해 주십시오. 공부에 들일 시간을 오히려 다른 취미에 들이도록 합니다.

　'말도 안 되는 소리예요! 그러면 성적이 뭐가 됩니까?' 하고 걱정하시겠지요. 하지만 긴 인생에서 정말로 중요한 것은 학교 공부가 아닙니다. 아이가 훗날의 인생을 풍요롭게 보내기 위해 정말 필요한 것은 다른 곳에 있습니다.

3. 사춘기 이후의 지원

지원하의 시행착오

　사춘기 전에는 보호적 환경을 제공하여 사회의 거친 파도에 시달리지 않게 하는 것이 좋다고 앞서 말했습니다. 사춘기 이후에는 조금 다릅니다. 자기 주변을 조금 인식하게 되고 나서는 본인이 하려고 생각한 것을 적극적으로 하게 하고, 실패할 것도 각오한 후 시행착오를 시켜 보는 것이 좋습니다. 이 부분이 전과 크게 다릅니다.

'지원하의 고용'(supported employment, '지원 고용'이라고 한다. 장애인들만의 보호 작업장이 아닌 실제 작업 환경에서 잡코치 등의 지원을 받으며 일하면서 직업 재활 훈련을 받는 제도 - 옮긴이)이라는 말이 있기에 그것을 본떠 '**지원하의 시행착오**'라는 말을 만들어 보았습니다. 살아 있다는 것을 실감하기 위해서는 스스로 시행착오를 거쳐야 합니다. 단, 시행착오를 겪는 당사자를 뒷받침해 줄 체계를 만들어 두어야 합니다. 자기 나름대로 인생을 열심히 살고 있다고 생각하는 가운데 좋은 협력자나 이해자 또한 필요해지게 됩니다.

실패할 가능성이 있더라도 시켜 보는 것이 시행착오입니다. 가령, 진로 선택에서 본인의 학력으로는 매우 어렵다고 생각되는 고등학교나 대학을 지원해 보고 싶어하는 사람은 꽤 있습니다. 혹은 어른들이 보기에는 장래 생활이 안정되지 못할 것 같은 진로를 희망하는 사람도 있습니다. 예를 들어 '만화가가 되고 싶으니 만화 전문학교에 가고 싶다'라고 하는 것과 같은 경우입니다.

일반적으로 어릴 때는 세파를 겪어 보게 하려고 엄하게 키우지만, 점점 그것이 어렵다는 것을 알게 되면 고등학교 무렵부터 무리하게 시키지 않고 과보호를 하게 되는 부모님들이 많습니다. 그러나 사실은 그 반대가 좋습니다. 어릴 때는 과보호를 하고 무리하게 시키지 않고, 고등학생쯤 되면 스스로 무모한 이야기를 해도 묵묵히 시도하게 지켜봐 줍니다. 실패를 두려워해선 안 됩니다.

단, 이것은 2차 문제가 생기지 않은 사람만 가능합니다. 2차 문제가 발생한 사람은 노력하려는 의욕이 사그라들어서 스스로 시행착오를 겪어 보려고 하기까지 시간이 많이 걸립니다. 다행히 2차 문제가 별로 일어나지 않고, 무엇인가를 열심히 해 보겠다는 목표를 가진 사람은 아무리 무모하게 생각되는 일이라도 반드시 노력하게 해 보셨으면 합니다.

물론 노력해도 실패할지도 모릅니다. 시행착오를 잘 겪어낼 능력이 있는지 여부는 실패했을 때 알 수 있습니다. 시행착오를 잘 겪어낼 능력이 있는 사람은 "스스로 납득해서 시도했던 것이니 어쩔 수 없지. 또 다른 목표를 세우면 된다. 다시 한 번 누군가에게 상담해서 달리 생각해 보자"라고 명쾌하게 결론 짓습니다. 물론 실패한 직후에는 심한 패닉 상태가 되지만 거기에서 회복하는 것이 빠릅니다.

한편, 시행착오를 시키는 방법이 잘못되면 "실패했다. 선생님한테 야단 맞을 거야", "실패해서 부모님한테 혼날 거야. 어쩌지" 등 패닉 상태가 되거나, "저 인간이 하라고 해서 했는데…. 내가 실패한 건 저 인간 때문이야" 등 남 탓으로 돌리고 희망을 잃어버립니다. 다른 사람에게 상담을 했는데 오히려 실패했다고 생각하니 '믿을 것은 자신뿐'이라는 생각을 갖게 되고, 남의 의견을 더욱 듣지 않게 됩니다.

이것은 스스로 하고자 해서 시행착오를 겪는가, 아니면 다른 사람이 강요해서 억지로 했다는 기분이 남아 있는가의 차이입니다. 스스로 하고자 해서 실패한 경우에는 회복할 수 있기 때문에 다소 무모한 목표라도 괜찮습니다. 그러나 부모님이 "이렇게 하는 게 좋아"라고 해서 본인의 마음과는 다른 선택을 하여 만약 실패하면 나중에 원망하게 됩니다.

조심해야 할 것은, 무엇을 선택할 때 "엄마는 이것이 좋다고 생각하는데, 너는 어때?"라고 말해서 "좋아"라고 대답하게 하는 것입니다. 본인은 일단 "좋아"라고 말했지만 한동안 해 보고 역시 이건 힘들다고 생각해서 "힘드니까 그만두고 싶어"라고 말했을 때 엄마는 "네가 스스로 한다고 했으니까 더 노력해 봐"라고 말합니다. 이런 패턴은 꽤 많습니다.

이것은 본인이 자기 의지로 한 것이라고는 말할 수 없습니다. 만일 본인이 "하고 싶어"라고 말해서 하기 시작했다고 하더라도 조금 해 보고 역시 힘들다고 본인이 생각했을 때는 미련 없이 물러나야 합니다. 중요한 것은 스스로 납득하는 것입니다.

사춘기 이후 부모의 역할은 '그림자 도우미'

시행착오라고 해서 그냥 내버려두는 것은 좋지 않습니다. 사춘기 이후의 부모는 어디까지나 그림자 도우미처럼 옆에서 당사자의 시행착오를 뒷받침해 주어야 합니다.

예를 들어 학교를 선택할 때는 정보를 수집하고, 함께 상담하고, 견학해서, 방침을 결정하는 절차를 밟게 됩니다. 이 중 정보를 수

집하는 단계에서는 부모님이 나서야 할 때가 많아집니다. 자폐 스펙트럼인들은 기본적으로 흥미의 범위가 협소하므로 정보가 너무 많아도 결정을 못 합니다.

학교를 선택할 때는 부모님이 선생님과 상담하면서 후보를 좁혀 가야 합니다. 두세 곳까지 대상 학교를 좁힌 다음에 본인에게 제시해서 견학을 가고, 본인이 "여기가 좋을 것 같다"라고 말한 곳을 선택하는 방식을 취하는 것이 좋겠습니다.

또한 시행착오를 경험할 때는 정기적으로 방침을 재검토할 필요가 있습니다. 방침 계획안은 반드시 2개 이상 생각해 둡니다. 잘 되지 않았을 때는 다른 방법을 언제든지 제시할 수 있도록 해 둡니다.

또 하나 중요한 것은 본인이 도움을 요청했을 때의 신호에 민감해지는 것입니다. '잘해야지!' 하고 생각하고 노력해 봤지만 역시 힘들다고 생각했을 때, 솔직하게 "힘드니까 그만둘래"라고 말할 수 있는 사람과 말할 수 없는 사람이 있습니다. 오히려 말할 수 없는 사람이 더 많을 것입니다. 그런 경우 '최근 초조해한다', '아침에 늦게 일어나게 되었다', '학교에 가는 것을 미적거린다' 등을 신호로 감지해서 "혹시 뭔가 좋지 않은 일이 있니?" 등으로 물어 볼 필요가 있습니다.

시행착오는 어디까지나 실패는 있을 수 있다는 전제하에서 해야 하기 때문에 설령 실패해도 절대로 나무라지 않아야 합니다. 또한 실패해서 당사자가 매우 의기소침해져 있을 때 부모님은 "울면 안 돼", "그런 일은 별것 아냐" 등등 굳이 말하자면 격려할 생각으로 말하는 경우가 많습니다. 하지만 아이는 부모님에게 그런 식의 말을 들으면 기분이 확 상해서 반대로 생각합니다. '이렇게 힘든 일인데 부모님은 별것 아니라고 한다' 등으로 생각할 가능성이 있습니다.

이 점에 관해서 어느 부모님이 훌륭한 대응을 하고 계셨습니다. 아이가 실패했을 때 "아이구 가여워라", "정말 그거 괴롭지" 등으로 아이보다 부모님이 슬퍼하며 탄식해 보였습니다. 그러자 아이 쪽이 오히려 "엄마, 이제 괜찮으니까 됐어"라고 말하며 기운을 차렸던 것입니다. 자폐 스펙트럼인은 어릴 때는 '사람 마음을 이해하지 못한다'라고들 하지만, 동정이나 공감을 받으면 그런 마음을 받아들일 수 있다고 저는 느꼈습니다.

아이가 혼란스러워하거나 패닉 상태에 빠지거나 했을 때 "정신 차려" 하고 반응하는 것이 아니라 "가여워라", "이런 식으로 생각하는구나" 등으로 공감해 주면 아이가 스스로 회복됩니다. 그런 것은 의외로 보통 사람들의 경우와 비슷한 부분도 있는 것 같습니다.

사춘기 동안 이런 체험을 쌓으면 좋은 상담 상대를 찾는 태도가 성인기까지 형성됩니다. 이것은 성인기 이후의 생활을 안정시키기 위해 불가결한 요소입니다.

목표를 가지고, 자신감 있는 밝은 성격을 지향하자

사춘기 자폐 스펙트럼인들이 후회하지 않고 인생을 살아가려는 의지를 갖기 위해서는 목표를 가지고 있어야 합니다. 목표가 정해져 있는 사람, 목표의 힘으로 선택이나 판단을 하고 있다고 느끼고 있는 사람, 어려움이나 좌절을 자신의 힘으로 극복해 냈다고 느끼고 있는 사람. 사춘기 이후의 실패는, 실패한 다음에 다시 일어서서 잘 해결하면 자신감이 되는 것입니다.

자폐 스펙트럼인이 잘 성장하면 '○○박사', '장인 기질', '뛰지만 어쩐지 미워할 수 없는 사람' 등으로 평가되는 성격으로 자라납니다. '자폐'라는 말은 어두운 느낌이 들지만, 자폐 스펙트럼인은 잘 성장하고 있다면 대체로 성격이 밝습니다.

다른 사람의 마음을 읽는 데 서툴고, 분위기 파악을 잘 못하는 것에 대해서조차 "나는 분위기 파악을 잘 못하지만 그런 것은 별것 아니라고 생각해요"라고 말하기도 합니다. 분위기 파악 같은 것을 못 해도 잘 살아갈 수 있다는 자신감이 있는 것입니다. 이것은 매우 중요한 지점입니다.

또한 어떤 문제가 생겨서 심한 패닉을 일으켰는데 문제를 극복하자마자 태연해지는 사람이 있습니다. 그렇게 난리를 치고도 "나는 벽에 부딪쳐도 강한 편이에요"라며 천연덕스러운 표정으로 말하기도 합니다. 이것이 2차 문제를 막을 수 있었던 자폐 스펙트럼인들의 본래 심성이 아닐까 생각합니다. 그렇게 울고 소리쳐 놓고 잘도 '강하다' 같은 소리를 하고 있네 하고 생각할 때도 있지만요(웃음). 이런 뻔뻔스러움이 2차 문제를 잘 예방했는지 여부를 알려주는 지표가 됩니다.

진로 선택의 기준

좀 냉정한 이야기지만 자폐 스펙트럼인의 진로 선택 기준에 대해 생각해 보겠습니다.

사람에게 능력 차가 있다는 것은 부정할 도리가 없는 사실입니다. 따라서 학교를 선택하든 직업을 선택하든, 진로를 생각할 때는 각자 자기가 잘하는 분야를 살리고, 못하는 부분이 잘 드러나지 않게 지낼 수 있는 방향을 생각합니다. 전반적 지적 장애가 있는 사람은 일반 취업이 어려운 경우가 있기 때문에 필요에 따라 특수 교육이나 장애인 고용 등의 경로를 선택하게 됩니다.

자폐 스펙트럼인들은 그 사람의 지적 수준에서 기대되는 진로를 상정하면, 유감스럽지만 적응을 못 할 확률이 높아집니다. 그 사람의 지적 수준보다도 한 단계 낮은 지적 수준에 맞는 진로를 상정하면 순조롭게 사회 속에 참여할 수 있는 경우가 많습니다.

제3장에서 소개했던 E 씨는 아마도 학업 능력으로는 대학에 갈 수 있었을 것으로 보이지만, 고등학교 졸업 직후 취업하기로 스스로 선택했습니다. 결과적으로 그는 '고졸로서는 일을 잘하는 사람'이라는 평가를 받았습니다. 하지만 만일 대학을 나왔다면 '대학까지 나와서 이런 것도 못하네'라는 평가를 받았을지도 모릅니다.

게다가 2차적 문제가 함께 발생했다면 지적 수준상 가능할 것으로 예상되는 것보다 2단계 아래 수준에서도 힘들어할 수 있습니다. 2차 문제가 있는 사람은 취업을 생각하는 것 자체가 어려운 경우도 많습니다. 취업을 생각하기 전에 2차 문제를 개선시킬 대책을 강구하는 데 몇 년은 걸립니다. 그것이 어느 정도 안정되면 비로소 취업을 생각해 보게 됩니다.

그런 경우에도 취업 지원 센터에 가서 직업 평가를 받으면 "고학력치고는 작업 능력이 떨어집니다"라는 결과가 나오는 경우가 많습니다. 그러면 본인이 원래 희망했던 것보다 한참 낮은 단계의 취업 계획이 제시됩니다.

당사자는 충격을 받고는 "생각을 해 보겠습니다"라며 한동안 주저합니다. 그러나 역시 해 보는 게 낫겠다고 생각하고, 그 후 취업 지원을 받아 결국 복지적 취업을 하게 됩니다. 그렇게 되기까지 몇 년이나 걸립니다.

'IQ 100이면 표준', 'IQ 80이면 경계' 등, 최근에는 부모님들도 어느 정도 지식을 가지고 있습니다. 그러나 '경계성 지능이니까 이쯤이겠지', '지능이 높으니 이 정도 일에 종사할 수 있겠지' 하고 부모님이 생각하는 것보다 약간 눈높이를 낮춘 정도를 상정하는 것이 무난합니다.

현재 고등 교육 과제 중 하나로, 경계성 지능을 가진 자폐 스펙트럼인들에게 적절한 고등 교육 환경이 없다는 문제가 있습니다. IQ로 말하자면 75~90 정도인 사람들입니다. 많은 지방 자치 단체에서 이 사람들은 지적 장애 수첩을 취득하지 못합니다. 그러면 '지적 장애는 아니니까 괜찮다'라는 이유로 '지적 장애인을 위한 교육 대상은 아니니 특수 학교가 아니라 일반 고등학교에 진학하십시오'라는 판단이 내려집니다.

옛날에는 중졸인 사람도 취업을 할 수 있었습니다. 경계성 지능을 가진 사람들의 다수는 중학생쯤 되면 이미 공부를 싫어해서 중학교를 졸업하면 취업을 합니다. 부모님도 공부를 못하는 아이를 억지로 상급 학교에 보내지 않고 취직을 시켰습니다. 만일 고등학교에 갔다고 해도 벽에 막히면 중퇴하고 취직할 수 있었습니다.

하지만 요즘에는 적어도 고등학교 정도는 졸업해야 한다는 기업이 많아서 경계성 지능을 가진 사람들이 아무리 공부가 어렵고 싫다고 해도 고등학교 정도는 나와야 한다고들 합니다. 그런데 갈 수 있는 고등학교를 찾기가 쉽지 않습니다.

자폐 스펙트럼이 아니면서 경계성 지능을 가진 사람의 경우, 공부는 못해도 친구들을 만나러 간다는 이유로 학교에 가고, 선생님들이 도와주기도 하면서 어떻게든 졸업시켜 줍니다. 그러나 자폐 스펙트럼인의 경우에는 공부도 이해를 못하고, 그렇다고 친구가 있는 것도 아니기 때문에 학교 생활이 괴로워지고 등교를 못 하게 되어 버립니다.

이런 이유도 있어서 지적 수준보다 한 단계 낮춰서 진로를 생각하는 것이 좋다는 것입니다. 경계성 지능이면서 자폐 스펙트럼인인 경우, 경도 지적 장애인을 위한 진로 설정이 기준이 됩니다. 즉, 특수 교육을 받고 장애인 취업 지원 서비스를 이용하여 취업하는 것을 목표로 하는 것이 가장 이상적입니다.

특수 학교를 보자면 신체 장애, 청각 장애, 시각 장애, 지적 장애가 있는 학생들을 위한 학교들이 마련되어 있으나, 지적 장애를 동반하지 않는 발달 장애인을 위한 학교는 설립되어 있지 않습니다. 정신 장애 수첩은 취득할 수 있으나 정신 장애 수첩을 가진 사람을 대상으로 하는 특수 학교는 없습니다.

가나가와 현 등 일부 자치 단체에서는 자폐증이나 아스퍼거 증후군인 사람에 대해서는 경계성 지능이라도 지적 장애 수첩을 취득할 수 있도록 되어 있습니다. 지적 장애 수첩을 취득할 수 있으면 지적 장애를 위한 특수 학교에 갈 수 있습니다. 이것은 자폐 스펙트럼 아동들에 대한 고등 교육으로 일본에서 보장할 수 있는 것 가운데 가장 획기적인 것일지도 모르겠습니다.

이런 지역에 사는 경계성 지능의 자폐 스펙트럼인은 예를 들면, 중학교까지 특수 학급에 다니고 고등학교부터 특수 학교에 다니며 취업을 위한 교육을 받아 취업하고 있습니다. 취미도 가지고 일과 생활의 균형을 잘 유지하는 충실한 생활을 하고 있습니다.

이에 비해, 경계성 지능의 자폐 스펙트럼인으로 지적 장애 수첩 취득 대상이 아닌 사람이, 현재로서는(이러한 사정은 지금도 달라지지 않았다. 지금도 일부 지역에서만 수첩을 취득할 수 있기 때문에 경계성 지능의 자폐 스펙트럼 아들이 수첩을 받을 수 있게 하려고 온갖 노력을 했지만 실패하여 다른 장애로 간신히 수첩을 취득한 사례 등이 있다 - 옮긴이) 배울 권리와 복지 혜택을 받을 권리를 가장 보장받지 못하고 있는 사람들입니다. 이 사람들에게 내실 있는 특수 교육과 복지 서비스를 제공하는 것이 매우 절실하고 긴급한 과제라고 생각합니다. 모든 자치 단체에서 경계성 지능의 자폐 스펙트럼인들이 지적 장애 수첩을 취득할 수 있게 되어야 합니다.

고등 교육

지적 장애가 없는 자폐 스펙트럼인들 가운데에는 고등학교부터 시작되는 고등 교육에서는 일단 문제가 잠잠해지는 경우가 있습니다. 고등학교에 들어가면 과목을 선택할 수 있어서 못하는 교과보다 잘하는 교과를 선택할 수 있는 비율이 늘어나는 등, 중학교 때까지와 비교해서 점점 학교에서 할 것을 스스로 한정시킬 수 있게 됩니다.

중학교까지는 의무 교육이어서 특별히 사립 고교 입시라도 보는 경우가 아니면 선택지가 없지만, 고등학교는 입학할 곳에 대한 선택지가 넓어집니다. 학교 분위기도 자신에게 맞는 곳을 찾을 수 있기 때문에 교우 관계에서도 마음이 맞는 친구가 여러 명 생기는 경우가 많습니다. 공부를 잘하는 사람이나 취미 쪽에서 능력을 발휘하는 사람 등은 이 시기야말로 자신이 가장 잘하는 분야를 살릴 시기이기도 합니다.

이러저러한 일들로 고생한 끝에 겨우 안정되게 된 이 시기, 부모님들은 좀 마음이 놓입니다. 그러나 여기서부터 앞으로 더한 고생이 기다리고 있을 수도 있어서 이 시기는 폭풍 직전의 고요함에 지나지 않을 수도 있습니다.

부모님 가운데는 "좋은 학교에 들어가면 좋은 직장에 들어갈 수 있을 테지. 좋은 직장에 들어가면 행복한 생활을 할 수 있을 거야"

하고 기대하는 분이 있습니다. 그러나 유감스럽게도 그것은 환상일지도 모릅니다. 입학 점수가 높은 유명 대학에도 취업에 실패하는 자폐 스펙트럼 학생이 많이 있습니다. 대학의 학생 상담실 정신과 의사가 현재 가장 머리를 싸매고 있는 문제 가운데 하나가 발달장애가 있는 대학생이며, 그 대부분은 자폐 스펙트럼 문제입니다.

자폐 스펙트럼 학생이 이과 계열 학부에 많은 것은 어렴풋이나마 상상이 될 것입니다. 수학과라면 괴짜 천재 박사 같은 사람이 많으니 연구를 하면 되지 않을까 하고 부모님은 생각할지도 모릅니다. 그러나 세상은 그렇게 호락호락하지 않습니다.

요즘 대학 교수가 해야 할 가장 중요한 일 중 하나가 여기저기서 연구비를 따 오는 것입니다. 연구비를 받기 위해서는 자기 연구를 출자자에게 어필해야 합니다. 나아가 학생 지도도 대학 교수의 중요한 업무 가운데 하나입니다. 즉, 대학 교수도 의사소통 능력이 필요하며, 혼자 연구에만 몰두한다고 다 되는 것이 아닙니다.

수백 년 동안 아무도 풀지 못했던 어려운 문제를 푼 천재 수학자라면 괴짜라도 주변 사람들이 부족함을 메워 줄지도 모릅니다. 그러나 그렇게 대단한 사람은 자폐 스펙트럼인 중에서도 극히 소수에 지나지 않습니다.

좋은 학교를 나오면 거꾸로 취업 시, "저 사람은 대학까지 나왔는데 이런 것도 못 해?" 등으로 판단받기 쉽습니다. 특히 경영학부 졸업생 등에 대해서는 장래 경영자가 되기 위한 품격을 갖추고 있는지를 봅니다. "저 사람은 경영학부를 나왔는데 접대도 못 하나"

같은 말을 하게 되는 것입니다.

 자신이 대학에서 어떤 학문을 배우고, 어떤 취업을 할 것인지에 대해서 뿐만 아니라 '이 대학(학부)을 나온 사람은 사회 속에서는 이런 유형의 사람으로 간주된다'는 것도 생각해 둘 필요가 있습니다.

 대학을 나오면 '대졸한테 이런 단순 노동은 시킬 수 없지'라고 간주하여, 상대적으로 단순한 작업이 적성에 맞는 사람인데도 그런 일은 시켜 주지 않는 경우가 있습니다. 반대로 '대졸이니 더 노력하게'라는 식으로 무거운 부담을 주기도 합니다.

 교육 형태나 출신 학교가 반드시 그 후의 인생을 결정하는 요소라고는 할 수 없습니다. 다른 요소가 더 중요할지도 모릅니다. 따라서 어느 학교를 지망할지 결정할 때는 겉치레를 우선할 것이 아니라 그 사람에게 적절한 환경인지, 장래의 취업을 바탕으로 하여 전망을 가질 수 있는 진로인지 평소에 제대로 생각해 두어야 합니다.

취업을 둘러싼 문제

 성인기에도 '지원하의 시행착오'라는 기본적인 관점은 마찬가지입니다. 단 부모님들도 고령화되어 가기 때문에 지원하는 사람이 반드시 부모님은 아닐 수도 있습니다. 또한 학교와 사회의 특성 차이로 인해 학생 때와는 다른 배려가 필요한 부분이 생깁니다.

 학교와 회사는 성질이 전혀 다른 환경입니다. 그곳에서 이루어지는 사업이나 활동의 이용자가 누구인가 하는 시점에서 생각하면, 학교의 이용자는 학생인 데 비하여 회사의 이용자는 고객입니다. 달리 말하자면, 학교는 학생을 위해 일하여 수입을 얻는 반면, 회사는 고객을 위해 일하여 수입을 얻습니다. 학생은 학교에 있어서 고객이지만, 사원은 회사에 있어서 고객은 아닌 것입니다.

특별한 배려가 필요한 사람에 대해 그 배려를 하는 것 자체가 업무인 학교와, 배려를 했다고 그것이 수익으로 연결된다는 보장이 없는 회사와는 당사자를 지원하는 데 대한 시점이 다를 수밖에 없습니다. 그 사람을 고용해서 회사에 어떤 경제적 이익이 있는지를 회사는 심사숙고합니다. 이익이 없는 직원을 고용해서 회사가 존속 위기에 처하는 일도 있을 수 있습니다. 자유주의 경제란 그런 것입니다.

자유 경쟁이 점점 격화되면 다양한 격차가 확대된다는 사실이 흔히 지적됩니다. 격차가 확대되었을 때 제일 먼저 피해를 입는 층이 사회적 약자입니다. 의사소통이나 사람 간의 네트워크를 중시하는 현재의 풍조 속에서 대인 관계가 서툰 자폐 스펙트럼인들은 불리한 상황에 놓일 가능성이 커졌습니다.

어떻게든 2차 문제를 예방해서 성인기에 이르렀다고 해도 순조롭게 취업할 수 있다는 보장은 없습니다. 그 부분은 어느 정도 각오를 해야 할 것입니다. 경우에 따라서는 취업을 검토하는 단계에 와서 장애인 수첩 취득이나 장애인 대상의 고용을 선택지에 넣을 필요가 생길 수도 있습니다. 그렇기는 하나, 그래도 2차 문제로 우울증이나 신체적 증상 등이 나타나서 취업할 처지가 아닌 상황이 되는 것에 비하면 선택지는 있는 것입니다.

성인기 지원하의 시행착오에서는 부모님 외의 지원자를 어디에서 구하는가에 따라서 지원의 구체적 방법이 달라집니다. 운 좋게 직장 상사나 동료 가운데에서 상담 상대나 조언자를 구할 수 있으면 장애인 수첩이나 복지 서비스 이용은 필요치 않습니다. 그러나 취업이나 일상생활에 관한 상담 상대를 가까이에서 구하기 어려운 경우에는 복지 상담 지원자를 구할 필요가 있습니다.

자신의 자폐 스펙트럼 특징에 어떻게 대처해 갈 것인지에 대한 상담이나 2차 문제에 관한 카운슬링, 또는 약물 요법이 필요한 경우에는 정신과 클리닉에서 진료를 받는 것이 좋을 수도 있습니다.

중요한 것은 스스로 시행착오를 겪더라도 시도하고자 하는 의욕을 가지고 있는지, 또한 어려움에 처했을 때 조언해 줄 좋은 지원자를 가까이에 두려고 본인이 생각하고 있는지 여부입니다. 이런 자세를 지니지 못한 채로 성인이 된 자폐 스펙트럼인은 자신도 모르게 시야가 좁아져서 실패해도 다른 사람에게 상담하지 못하고 문제를 혼자서 끌어안고 있게 됩니다. 반대로, 이런 자세를 지니고 있으면 부모님이 없는 환경에서 어떤 문제가 생겨도 상황을 더 어렵게 만들지 않고 대처할 수 있습니다.

사회에 나온 후에 드러나는 사람들

최근에는 취업, 결혼, 출산, 육아 등 어느 정도 사회생활을 거치고 나서 처음으로 상담하는 곳을 찾는 자폐 스펙트럼인들이 드물지 않게 되었습니다. 이런 사람들이 실제로 존재하는 것을 보더라도 자폐 스펙트럼이 결코 드물지 않다는 것을 알 수 있습니다. 독자 여러분도 직장 동료나 친척, 친구 가운데 자폐 스펙트럼적 특징을 어느 정도 느낄 수 있는 사람을 알고 있을 것입니다.

3장에서 소개한 E 씨와 같은 사람은 사실 어떤 직장이든 열 명 가운데 한 명 정도는 있지 않을까요. 순수하고 성실하며, 좀 마니아적 취미가 있고, 컴퓨터를 잘해서 모두가 중요하게 여기는 사람이지요. 조용하고 눈에 띄지 않지만 자기한테 주어진 일은 꾸준히 착실하게 해 냅니다. 대화는 좀 겉돌고 이야기가 들어맞지 않지만 어쩐지 미워할 수 없는 사람입니다.

또는, 나의 배우자가 해당되지 않나 하는 생각이 점점 드는 독자도 적지 않을 것 같습니다. 식탁에서 텔레비전에 그만 정신이 팔려서 아내의 이야기는 귓등으로 흘리는 남편, 부엌에서 어디에 무엇을 둘 것인지에 집착해서 다른 가족이 평소와 다른 장소에 물건을 두면 신경을 곤두세우는 주부, 그런 사람들이 비장애 자폐 스펙트럼일 가능성이 있습니다.

비장애 자폐 스펙트럼인들은 주변 사람들이 조금만 이해해 주면 매우 충실한 직업 생활이나 가정생활을 할 수 있습니다. 기본적으로는 평화와 안정을 선호하고, 순수하며 성실한 사람들입니다.

단지 융통성이 없고, 자신의 집착이나 예측과 다른 돌발 사태가 일어나면 낭패감을 느끼거나 언짢아하게 됩니다. 그런 부정적인 면에 대해서 한사코 싫은 감정을 느끼는 사람들도 있습니다. 그런 사람들과는 유감스럽지만 성격이 맞지 않는 것입니다.

표 계산 소프트웨어를 잘 조작해서 모두가 중요하게 여기는 사람이지만 갑작스러운 전화를 받고는 실례되는 발언을 해 버리는 경우가 있습니다. 그런 부족한 부분에 대해서만 잔소리를 계속 들으면 스트레스가 쌓입니다. 처음에는 연애를 해서 결혼했는데, 결혼 생활을 지속하는 사이에 상대방이 이런 부정적인 면을 견딜 수 없게 되어 이혼을 신청하는 케이스도 있습니다.

직장이나 새롭게 일군 가정에서 가까운 사람이 자폐 스펙트럼의 특징을 가진 것을 발견한 경우, 그 점만으로 그 사람을 특별 취급하지 말아 주셨으면 합니다. 그런 사람은 소수자일지는 몰라도 결코 희귀하거나 특별한 존재는 아니기 때문입니다. 자폐 스펙트럼인들의 다수가 특별 취급 대상은 아닐 뿐더러 개성적인 특성을 지닌 선량한 시민으로서 생활할 수 있는 가능성을 충분히 갖추고 있습니다.

물론 혹시 주위 사람이 그 사람의 개성을 도저히 소화하기 어렵거나 견딜 수 없다고 느끼는 경우 그들에게도 스스로를 지킬 권리는 있습니다. 그 사람의 특성 중에서 주위 사람을 힘들게 하는 부분에 대해서 한 번은 지적을 해 보시기 바랍니다. 단, 감정적이 되지 않고 되도록 냉정함을 잃지 않으면서 말해야 합니다.

반복해서 말하게 되지만 자폐 스펙트럼인이 사회인으로서 생활해 가는 데 필요한 것은 자율 스킬과 소셜 스킬입니다.

자율 스킬, 즉 스스로에 대해 어느 정도 이해하고 있는 것은 중요합니다. 그러나 자신의 취약점을 포함하여 모든 면에서 객관적으로 스스로를 이해하고 있는 사람은 없습니다. 그렇기 때문에 다른 사람에게서 지적이나 조언을 들었을 때 그 말에 귀를 기울일 자세가 되어 있는지 여부로 그 후의 경과가 크게 달라지는 것입니다.

만일 자폐 스펙트럼이라고 생각되는 사람이 가까이에 있고, 그 사람이 다른 사람의 의견이나 조언을 들을 수 있는 사람이라면 적정선에서 타협을 할 수 있을지 한번 이야기를 나눠 볼 것을 권합니다.

그러나 자폐 스펙트럼이라고 생각되는 사람이 다른 사람의 의견을 여간해서는 들으려고 하지 않는다면 성격이 맞지 않는 사람끼리 계속 같은 환경을 공유하는 것은 서로에게 고통이므로 직장이라면 자리를 옮기고 부부라면 이혼을 생각할 수밖에 없을지도 모르겠습니다.

4. 병존하는 문제와 2차적 문제에 대한 대응

병존하는 문제에 대한 대응

우리가 자폐 스펙트럼인들을 진료할 때, 병존하는 정신적 및 신경학적 문제가 있을 경우는 원칙적으로 그 문제들에 대해서도 대처를 합니다.

뇌전증과 같이 대처 방법이 약물 요법 중심인 경우에는 특별히 언급할 것이 없습니다. 그러나 카운슬링이나 교육적 방법이 중심적인 대처가 되는 경우에는 자폐 스펙트럼 특유의 사고나 감정적 특징에 유의할 필요가 있습니다.

예를 들면, ADHD의 부주의 증상이 함께 나타나는 자폐 스펙트럼인에게서는 흥미가 없는 것에는 전혀 집중할 수 없고, 정리정돈을 못하고, 계획을 세워 실행하기까지 끈기가 지속되지 않는 등의 문제가 나타납니다. 충동성이 강한 사람의 경우에는 어떤 일을 한창 하고 있는 도중에 충동적으로 다른 일이 한사코 하고 싶어지고, 그러다 이번에는 시간이 되어도 원래 해야 할 것으로 주의를 되돌릴 수 없는 등의 문제가 나타납니다.

일반적인 ADHD라면 전반적으로 주의가 산만하거나 충동적이지만, 자폐 스펙트럼 장애와 병존하는 경우에는 가끔 강한 집착도 나타나므로 주위 사람들과 발을 맞추기가 어려워집니다.

이런 경우 그 대상이 제한된 것이라면 단시간에 과몰입하는 특징을 살려 주는 것과, 흥미가 없는 일에는 주의가 산만해지는 점을 너그럽게 봐주는 것 두 측면을 잘 조합해서 대응합니다.

앞서 '꾸준히 하기보다 한 방에 승부'라는 부분에서 제시했던 '어느 쪽을 취할 것인가'라는 사고방식은 더욱 철저하게 실천해야 합니다. 정리정돈을 예로 들자면, 금방 꺼내고 싶은 것만 반드시 정해진 장소에 정리하고 그 외의 것들은 커다란 상자에 뒤섞어 넣어 두고 잃지만 않으면 된다고 생각하는 식입니다. 오히려 자율 스킬과 소셜 스킬의 시각에서 본다면 잘 못하는 정리정돈을 누군가에게 도와 달라고 부탁하는 스킬 등을 익히는 쪽이 현실적입니다.

2차적 문제에 대한 대응

자폐 스펙트럼의 지원에서 가장 중요한 것은 2차적 문제를 만성화 내지 악화시키지 않는 것입니다. 예방이 이상적이지만 완전히 막을 수 있는 것도 아닙니다. 어쨌든 혹시 2차적 문제일지도 모른다고 생각했다면 즉시 대응하십시오. 화재를 진압하는 것처럼 초기 대응이 중요합니다.

2차적 문제 일부는 생활 환경과 본인의 특성이 맞지 않아서 발생합니다. 학교라면 본인이 흥미를 가질 수 있는 활동을 학교 내에서 찾을 수 없거나, 본인에 대한 기대치가 너무 높아서 등교 기피를 하게 되는 경우 등이 여기에 해당됩니다.

이런 경우에는 그 환경에 참가하는 의의를 본인이 찾고 참가할 의욕이 고취되도록 활동 내용을 연구할 필요가 있습니다. 학교 측과 부모님이 잘 상담해서 그런 연구를 협력해서 하는 것이 중요합니다.

사춘기 전후에 가장 중요해지는 것이 괴롭힘 피해에 대한 대응입니다. 괴롭힘 피해는 자폐 스펙트럼인에게 심각한 영향을 미칩니다. 그 뿐만 아니라 어쩌다 싸운 것을 '괴롭힘 당했다'라고 해석해서 나중에 플래시 백을 일으키는 사람도 있듯이, 일반인들보다 괴롭힘에 대해 과도하게 예민한 사람도 있습니다. 지속적으로 은근한 괴롭힘을 당하면 분명히 외상 후 스트레스 장애(PTSD)가 남습니다.

얄궂게도 자폐 스펙트럼인들은 의사소통이 서툴기 때문에 하필 이런 중요한 문제를 어른에게 상담하지 않을 수도 있습니다. 바로 그렇기에 사춘기가 되기 전부터 부모님에게 상담하는 습관을 들여 두었으면 하는 것입니다. 하지만 상담하는 습관이 들어 있어도 여전히 괴롭힘에 대해 상담하지 못하는 사람이 많다고 생각해 두십시오.

자폐 스펙트럼 아동이 괴롭힘을 당하고 있는 것을 어른이 알았을 때는 전력으로 아동을 지켜 주십시오. 흔히, '아이들 문제에 어른이 끼어드는 것은 안이한 것 아닌가' 하고 생각하는 부모님이 있으나 전혀 그렇지 않습니다. 다만, 보호하는 방법은 케이스에 따라 다릅니다. 가장 철저하게 하는 방법을 다음과 같이 제시하겠습니다.

많은 경우 학교에서 같은 반, 또는 특별 활동의 인간관계 속에서 괴롭힘이 일어나므로 부모님과 학교 담당 교사가 긴밀하게 연락을 서로 취하면서 괴롭히는 상대를 확인하고, 상대방 부모에게 연락을 취해서 당사자, 부모, 교사가 모여 대화를 가지는 것입니다.

괴롭힌 상대로부터는 괴롭힌 이유와, 처음부터 괴롭힘이라고 인식하고 있었는지 여부를 확인하고, 인식하고 있지 않은 경우에는 괴롭힘이라는 것을 지적하고 반성을 촉구합니다. 그러고 상대 학생과 그 부모가 피해 당사자에게 확실하게 사과하도록 시킵니다. 중요한 것은, 그 학생이 어른으로부터 철저히 보호받고 있음을 괴롭힌 상대방에게 인식시키는 것입니다. 그래야 재발이 방지됩니다.

괴롭힘을 당하고 있는 당사자가 그렇게까지 일을 크게 만들고 싶지 않다고 바라는 경우가 있습니다. 아무리 어른이 지켜 준다고 약속해도 미래를 예측하는 것이 서툴기 때문에 보복을 당할지도 모른다는 불안이 있기 때문입니다.

그런 경우에는 당사자와 상담을 통해 대책을 세우는 식으로 협력하면 좋겠습니다. 이 경우에도 어른이 계속 대책안을 내놓으면 당사자가 혼란스러워할지도 모르기 때문에 어른은 듣는 역할을 맡으면서 당사자가 스스로 안을 내놓으면 군데군데 생각을 정리하여 돕는 식으로 임해야 합니다.

이런 방법으로 접근하면 괴롭힘이 금방 사라지지는 않을지도 모르지만 어른은 자신의 협력자이며 상담 상대가 되어 줄 수 있다는 것을 학습할 수 있습니다.

만약에 2차적 문제가 만성화되어 버렸다면 어쨌든 정신 건강 케어를 최우선으로 하게 합니다.

2차 문제가 발생한 사람들에 대한 지원이 어려운 가장 큰 요인은 그들이 목표를 가질 수 없게 되었다는 것입니다. 자신감을 가질 수 없는 환경에서 자라 온 사람은 자신의 장래 희망을 전혀 이야기할 수 없습니다. '살아 있어 봐야 별수없어'라는 마음이 강해지는 것입니다. 그렇게 되어 버린 경우에는 뭔가 과제를 정해서 연습을 하거나 진로 상담을 하는 것들 따위는 나중 문제입니다.

어떤 문제이든 2차적 문제는 여간한 방법으로는 다루기 어렵습니다. 우울증, 불안증, 적응 장애, 신체적 증상, 패닉 등 감정 조절이 어려운 경우에는 약물 요법도 적극적으로 선택할 수 있습니다. 따라서 2차적 문제가 발생한 경우에는 되도록 빨리 정신과 진료를 받는 것을 검토해야 합니다.

정신과에서는 우선 증상으로 우울증, 불안증 등에 대한 대증 요법(병의 원인을 제거하는 것이 아니라 증상을 완화하기 위해 실시하는 치료법 - 옮긴이)을 실시합니다. 이와 동시에 2차적 문제를 유발한 원인 및 배경을 찾기 위해 성장 기록이나 생활 환경에 관한 정보를 수집하고 가능한 한 그 요인을 가려 냅니다. 약물 요법 등으로 어느 정도 개선되었더라도 생활 환경과의 어긋남이 지속되는 동안은 완전히는 호전되지 않습니다.

약물 요법은 필요하지만 지나치게 기대하지는 않아야 합니다. 너무 기대하면 예상과 다른 결과가 나왔을 때, 자폐 스펙트럼인의 경우는 의사를 믿지 않게 될 가능성이 있습니다. 약물 요법만으로는 한계도 있다는 것을 미리 전달해 두는 편이 무난하겠습니다. 그런 다음, 시간은 걸릴지라도 끈기 있게 카운슬링을 계속 받으면서 생활 및 취업에 관한 지원을 받을 마음의 준비를 해 가야 합니다.

5. 사회 참여를 위한 구조 만들기

자폐 스펙트럼인들이 인구의 10%가량 존재한다고는 해도 사회 속에서는 소수자입니다. 다수자들에게는 생활하기 쉬운 사회 환경도 자폐 스펙트럼인들에게는 꼭 그렇다고 볼 수는 없습니다. 자폐 스펙트럼인들이 겪는 '일상생활의 어려움'의 요인 가운데 적어도

한 부분이 여기에서 비롯된다고 할 수 있습니다.

인클루전

인종, 성별, 장애의 유무 등 갖가지 개인차를 넘어서 모든 사람들이 같은 사회에서 생활하는 환경을 만들고자 하는 것을 '**인클루전(inclusion)**'이라고 합니다. 예를 들어 장애가 있는 아동도 다른 아동들과 같은 교실에서 함께 수업에 참가하는 것을 '**인클루전 교육**'이라고 합니다. 장애가 있든 없든 모든 사람이 평등하게 참여할 수 있는 사회를 만들고자 하는 이념입니다.

이것은 지당한 말입니다. 그러나 오해하기 쉬워서, '평등한 참여니까 모두 함께 똑같은 것을 해야 한다'라고 생각합니다. 특히 일본인은 종종 모두 똑같은 것을 하는 것을 미덕으로 생각하는 경향이 있습니다. 이것은 인클루전과는 다릅니다.

가령, 휠체어를 탄 아동이 모든 아동과 똑같은 수업을 받는 것과 지적 장애를 가진 아동이 그렇게 하는 것을 비교해서 생각해 봅시다.

휠체어를 탄 아동을 다른 아동들과 같은 수업에 참가시킨다고 할 때, 모두와 같은 체육 수업에 참가시킨다는 생각은 하지 않을 것입니다. 즉, 휠체어를 타기 때문에 체육은 다른 교과 과정으로 설계하더라도 국어나 수학의 학력에 문제가 없다면 그 수업들을 함께 받는 것은 보장해야 한다는 식으로 생각합니다.

그러면 지적 장애가 있는 아동에게 다른 아동들과 같은 수업을 받게 할 때는 어떻게 생각할까요? 휠체어 아동의 경우와 동일한 사고방식을 취한다면, 지적 장애가 있어도 운동 능력에 문제가 없다면 체육은 모두와 함께 받아야 합니다. 한편, 국어나 수학을 모두와 함께 받게 하는 것은 휠체어 아동에게 체육 수업에서 "모두와 함께 달려라"고 말하는 것과 같은 것이 됩니다. 이것은 아이에게 반교육적입니다.

그런데 휠체어 아동의 경우에는 "체육도 같은 수업을 받게 하라"고 말하는 사람이 없는데, 왜 그런지 지적 장애의 경우에는 "국어나 수학도 같은 수업을 듣게 하라"고 주장하는 사람들이 나옵니다. 이것은 아동이 배울 권리와 정신 건강을 지킬 권리라는 두 가지 측면에서 보아 인권 침해 이외의 그 무엇도 아닙니다.

인클루전의 이념을 말한 '살라만카 선언(특수 요구 교육에 관한 살라만카 선언 및 행동을 위한 틀, 유네스코, 1994년)'에는 "포용적인 학교는 아동의 다양한 요구를 인식하고 각자에게 다른 학습 스타일이나 속도에 맞추거나, 교육 과정의 적절한 편성 등을 통하여 모든 아동에게 질 높은 교육을 보장한다"는 취지의 내용이 적혀 있습니다. 즉, 바로 모든 아동이 함께 참가하기 위해서 한 사람 한 사람에 대한 특별한 배려가 필요하다는 것입니다.

모든 학생과 같은 교실에서 공부할 권리를 보장하는 것은 중요합니다. 하지만 그러기 위해서는 모두 똑같은 수업이 아니라 같은 교육의 장에 참여하기 위해 해당 학생에 맞춘 교과 과정을 개별적으로 만들어야 합니다. 휠체어를 탄 아동에게는 체육 시간에 모두와 같은 곳에 있으면서도 개별적인 운동 일람표가 준비됩니다. 국어나 수학 시간에 지적 장애 아동은 모두와 같은 곳에 있으면서도 개별 학습 과제가 준비됩니다. 이것이 인클루전 교육입니다.

자폐 스펙트럼 아동들의 인클루전 교육이란?

더욱 어려운 것은 자폐 스펙트럼인들의 교육입니다. 예를 들면, 교과 학습 문제는 없지만 교우 관계가 잘 되지 않는 아동이 있습니다. 이런 아동의 부모님은 '조금이라도 많은 사람들과 접촉할 기회를 가지면 좋은 자극을 받아서 친구가 생기지 않을까'라고 생각하기도 합니다.

이것은 큰 착각입니다. 많은 또래 아동들 속에 아무 배려도 받지 못한 채 들어가서 자란 자폐 스펙트럼인들 다수는 '나는 다른 별에서 온 사람이다', '여기는 내가 살 세상이 아니다'라고 생각하여 소외감을 가집니다.

일본에서만 일어나는 현상은 아닙니다. 자폐증 교육학에서 유명한 리타 조던(Rita Jordan)이라는 영국인 교육자의 말을 인용하면 "일반 아동과 같은 자리에 참여했다고 해서 자폐증 아동들이 자동적으로 다른 아동과 양호한 상호 관계를 맺는 것은 아니"라는 것입니다. 일반 학급 내에서 생활하게 하는 것도 중요하지만, 어른이 제대로 계획적으로 간여하여 개입하면서 참여시키지 않으면 상당히 높은 확률로 괴롭힘을 당하거나, 또는 따돌림을 당하게 되어 외면받습니다.

많은 학생이 거부감을 갖지 않고 수업에 참여할 수 있는 것은 다수 학생들이 대체로 흥미를 가질 수 있도록 교과 과정이 만들어져 있기 때문입니다. 학교 선생님은 자폐 스펙트럼 아동에게 곧잘, "다른 아이들도 다 참고 있으니 너도 이 정도는 참아"라고 말합니다. 이처럼 자학적인 말이 또 있을까요. 스스로 '내 수업이 따분하다'라고 말하고 있는 것이니까 말입니다.

　실제로는 그렇게 따분한 것은 아닐 것입니다. 많은 아동들은 나름대로 재미있다고 생각하기 때문에 앉아서 듣고 있고, 참여할 마음이 드는 것입니다. 자폐 스펙트럼 아동이 흥미를 갖지 않는 수업을 참아 가며 받을 수밖에 없는 것과는 전혀 다릅니다.

　인클루전을 지향한다면 소수자 입장에서 배우기 쉬운 환경을 만들어야 합니다. 이상적으로는 그 학생들을 주된 대상으로 하여 설정된 교과 과정을 제공하는 것입니다. 전철과 아이돌을 매우 좋아하고 그 외에는 거의 관심이 없는 자폐 스펙트럼 아동이 있는 학급에서라면, 1교시가 전철의 종류를 배우는 시간이고 2교시가 아이돌의 역사를 배우는 시간인 수업을 매일 편성해 준다면 더할 나위가 없습니다. 결코 실없는 소리를 하고 있는 것이 아닙니다.

　다만, 그렇게 하면 이번에는 자폐 스펙트럼이 아닌 다른 아이들이 견딜 수 없게 됩니다. 소수 아동들을 위해 다른 아동들이 견딜 수 없는 수업을 할 때, "○○도 참고 있으니 다들 이 정도는 참아라"고 말하려면 선생님에게도 용기가 필요하겠지요. 40명 학급에서 한두 명이 못 참고 자리를 이탈하는 것도 곤란하지만, 38, 39명이 자리를 이탈하는 것보다는 낫다고 선생님은 내심 생각하고 있을지도 모릅니다. 하지만 그것은 불공평한 이야기입니다. 사실은 소수자 차별 문제인 것입니다.

현재 일본의 교육 제도 속에서 아동 한 명의 요구를 100% 들어주는 것은 현실적이지 않습니다. 그래도 어느 정도의 배려를 하는 것은 가능하다고 봅니다. 모든 학생과 같은 장소에서 자폐 스펙트럼인이 생활하기 위해서는, 그곳에서 그 사람이 충실한 시간을 보낼 수 있을 만한 특별한 사전 준비를 해야만 하는 것입니다.

'이 학급은 나를 위한 학급이다'라고 진심으로 생각할 수 있을 정도로 배려하는 것은 어려울지도 모릅니다. 그렇지만 어른의 방치나 급우의 괴롭힘으로부터는 지켜 주었으면 합니다. 그리고 소수자가 배울 권리를 어느 정도 보장해 주었으면 합니다. 그러기 위해서는 학교측이 소수자들이 참여하기 쉬운 수업을 연구함으로써 준비를 해 두어야 합니다.

학교 교육의 구조적 문제

2007년부터 실시되고 있는 특수 교육에 관한 주제 가운데 하나로 '개별 지도 계획'의 도입이 있었습니다. 이것은 개별적인 교육 요구를 파악하여 아동 한 명 한 명에게 개별 지원 계획을 사전에 세울 것을 요지로 하고 있습니다. 개별 지도 계획의 도입이 새삼 강조되었다는 것은 일본의 학교 교육이 원래 구조상 개별 요구에 대응하지 못하고 있다는 반증입니다.

의료에서는 개별 요구에 대응하는 것이 기본 중에 기본입니다. 우선 진단과 평가를 하고, 이어서 치료법을 선택합니다. 치료법은 어느 정도 일괄적으로 처리되는 경우도 있지만 원칙적으로는 완전히 개별화되어 있습니다.

한편, 일본의 학교 교육에서는 '학습 지도 요령'이라는 표준화된 교과 과정이 마련되어 있어서 각 학습 과제에 대해 그 내용과 가르칠 시기가 정해져 있습니다. 수업을 개시하기 전에 원칙적으로 아동의 학력은 평가하지 않습니다. 교사는 정해진 교과 과정을 일률적인 지도로 진행시킬 뿐입니다.

평가는 지도 후에 비로소 학력 평가라는 형태로 실시됩니다. 이 평가 결과는 아동이 노력한 결과로 보고, 평가 성적이 나쁘더라도 '못한 부분은 제대로 복습하라'며 아동의 분발을 촉구할 뿐입니다. 개별 아동의 학력 특징에 따라 교과 과정 쪽을 조정하지는 않습니다. 이처럼 현재 일본의 학교 교육에서는 원칙적으로 다양성을 인정하고 있지 않습니다.

'학습 지도 요령에 따른 일률적 지도'는 일본의 학교 교육의 근간을 이루는 가치관이며, 많은 교사들에게 이 가치관을 바꾸도록 하는 것은 상당한 노력을 필요로 합니다. 그런 일반 학교 교육의 가치관을 변화시키지 않은 채로 특수 교육이 도입된 결과, 교사들은 정해진 교과 과정을 일률적 지도로 가르치는 가치관과 개별적 요구에 응하여 개별 지도 계획을 세우고 교과 과정을 수정한다는 특수 교육의 가치관 사이 틈바구니에 놓이게 되었습니다.

이처럼 '저쪽을 지키자니 이쪽을 지킬 수 없는' 관계에 있는 두 개의 가치관 사이에서 동요하는 것을 '양가성'이라고 합니다. 현재 특수 교육을 둘러싸고 일본의 교육 제도는 양가 구조가 형성되어 있다고 할 수 있습니다.

특수 교육을 담당하는 현장 교사들 가운데에는 이러한 양가 구조를 극복하고 학생의 개별적 요구에 따라 교과 과정을 절묘하게 조정하면서 수업을 진행시키는 선생님들이 다수 존재하는 것도 사실입니다.

그러나 특수 교육을 전공하지 않은 교사가 전근으로 특수 교육 쪽에 발령나는 케이스도 적지 않습니다. 지금까지 일률적 지도라는 가치관만을 길러 온 교사가 특수 교육쪽으로 발령나자마자 완전히 정반대의 가치관에 기초한 직무에 종사해야만 합니다. 그 당혹스러움은 상당한 것이겠지요.

사실을 말하자면 '양가성'이란 오이겐 블로일러(Eugen Bleuler)라는 스위스의 정신의학자가 제시한 '조현병'이라는 정신 질환의 기본 증상 중 하나입니다. 이 용어를 굳이 사용한 것은, 지금과 같은 구조적 모순을 지니고 있는 교육 제도가 계속되면 성실하게 노력하고 있는 선생님일수록 마음에 상처를 입을 염려가 있다는 것을 말하고 싶었기 때문입니다.

자폐 스펙트럼만으로도 10%, 그 외의 발달 장애 등을 포함하면 배려를 필요로 하는 학생이 더 많이 존재한다고 생각되는 지금, 특수 교육의 방식만을 생각하는 시대는 끝난 것이 아닐까요. 일본의 학교 교육은 학습 지도 요령과 그 운용 방식에서부터 근본적으로 재검토해야 할 시기에 접어들었다고 할 수 있습니다.

장애를 배려하는 방법은 3가지가 있다

장애가 있는 아동에 대한 학교 교육의 배려 방법은 3가지가 있습니다.

첫 번째는 장애가 있는 것에 대해 아무런 배려도 하지 않고 일반 교과 과정을 진행시키는 방법입니다. 이것을 '**무배려**'라고 부르기로 하겠습니다. 예를 들면, 심장병이 있는 아동이 수학 수업을 받을 때의 배려는 이것입니다.

두 번째는 장애에 대한 돌봄을 우선으로 하고 일반 교육보다 과제의 부담(난도, 강도, 양 등)을 낮추어 교육하는 것입니다. 이것을 '**저부담형 배려**'라고 부르기로 하겠습니다. 심장병으로 운동 제한이 필요한 아동에 대해서 체육 수업에서는 이런 유형의 배려를 합니다. 지적 장애 아동에 대한 특수 교육의 사고방식도 기본적으로는 저부담형 배려입니다.

세 번째는 장애에 대한 치료적 행위 그 자체를 학교 교육의 교과 과정에 편성해 넣는 방법입니다. 이것을 '**특이적 치료형 배려**'로 부르기로 하겠습니다. 시각 장애 아동에게 점자를 가르치는 경우나, 청각 장애 아동에게 수화를 가르치는 경우 등이 여기에 해당됩니다.

그러면 자폐 스펙트럼에 대해 학교 교육에서는 어떤 배려가 가능할까요?

자폐 스펙트럼 아동들은 일률적 수업에서 자주 괴로움을 느낍니다. 일반 아동들이 일률적 수업을 문제없이 받을 수 있는 것은 수업 내용에 어느 정도의 흥미를 가질 수 있는 것과, '같은 일이라도 혼자 하는 것보다 다 같이 하는 쪽이 즐겁다'는 가치관을 가지고 있기 때문입니다.

그러나 자폐 스펙트럼 아동들은 흥미가 치우쳐 있기 때문에 다른 아동들 다수가 흥미를 갖는 것이라도 흥미를 가지지 못하는 경우가 종종 있습니다. 게다가 '같은 일이라도 혼자 하는 것보다 다 같이 하는 쪽이 즐겁다'는 가치관을 이 아동들 다수는 선천적으로 가지고 있지 않습니다.

보통의 일률적 수업에서는 교사가 주로 일률적 구두 지시를 하는 일이 많습니다. 많은 아동들에게는 별것 아닌 이 일률적인 구두 지시가 자폐 스펙트럼 아동들에게는 매우 이해하기 힘든 것입니다. 자폐 스펙트럼 아동들 다수는 시각에 의한 정보 입력에 강한 지향성을 가지고 있는 만큼 청각에 의한 정보 입력만으로는 언뜻 이해하기 힘듭니다.

또한 수업 도중에 때때로 특정 학생에 대한 지시나 질문이 있게 되는데 자폐 스펙트럼 아동은 발화에는 방향이 있다는 것, 즉 발화한 사람과 그 대상이 된 사람이 있다는 것을 깨닫고 이해하는 데 어려움이 있습니다. 따라서 교사가 한 말 가운데 어느 것이 학생 전체에 대한 지시이고, 어느 것이 특정 개인에 대한 것인지를 직감적으로 구별하기 어려운 것입니다.

게다가 자폐 스펙트럼 아동들을 더욱 깊게 고민하게 만드는 것은 많은 아동들에게 가장 즐거운 쉬는 시간이나 방과 후 활동 등 다른 아이들과 교류하는 시간입니다.

아이들 시점에서 보자면 학교는 교과를 공부하는 곳인 동시에, 또는 그 이상으로 친구들과의 교류를 심화시키는 곳입니다. 그러나 아이들끼리 교류를 심화시키는 것은 학교 교육에서는 공부에 따라오는 파생적, 부수적 산물로 간주됩니다. 교우 관계를 만드는 법이나 유지하는 법 등을 수업에서 가르치는 일은 일반적으로는 없습니다. 오히려 교사가 없는 쉬는 시간 등에 놀이 같은 것을 통해 '자연스럽게' 익혀야 할 것으로 생각되고 있습니다.

그러나 자폐 스펙트럼 아동들에게 '자연스럽게' 친구를 만들고, 우정을 유지하는 법을 익히는 것은 지극히 어려운 일입니다.

이런 아동들에게 필요한 배려는 무엇일까요?

'무배려'라면 자폐 스펙트럼 아동이 흥미를 갖지 못하는 내용의 교과 과정을 얼른 이해하기 힘든 일률적 지시로 무덤덤하게 진행시키는 것이 됩니다. '저부담형 배려'라면 교과 과정의 내용과 지시 방법을 자폐 스펙트럼 아동에게도 이해하기 쉬우면서도 흥미를 가질 수 있게 변경하는 것을 교사가 시도하는 것입니다. '특이적 치료형 배려'에서는 교우 관계를 만드는 법, 유지하는 법을 수업의 형태로 친절하게 가르치는 것 등을 생각할 수 있습니다.

아동 본인의 정신 건강적 측면에서 생각하면 '무배려'는 자폐 스펙트럼 아동에게 매우 위험합니다. 수업 내용을 잘 이해할 수 없는 상태, 또는 집중할 수 있는 한계를 넘어선 상태로 장시간 그 자리에 있어야 하고, 더구나 의사소통이 서툰 탓에 제대로 도와 달라는 신호를 보내지 못한 채 몇 년이나 지내게 되기 때문입니다. 이것은 일종의 방치입니다.

'저부담형 배려'에 의해 이런 위험은 피할 수 있습니다. 최근 특수 교육에서는 저부담형 배려가 필요하다는 것까지는 동의하게 되었다고 봅니다. 하지만 제가 느끼기에 '특이적 치료형 배려'와 관련하여 그 필요성을 느끼고 있는 교사는 많지만 일반 학급에만 있는 학생에게는 실천이 어려운 것으로 여겨집니다.

특수 학교, 특수 학급, 특별 지도 교실(주로 일반 학급에 재적 중이며 특별한 배려가 필요한 학생이 시간을 정해서 자신의 원래 수업 대신에 출석하는 교실이다. 이 교실에 출석을 하면 본래 자신이 재적 중인 학급에 출석한 것과 같이 인정된다 - 옮긴이) 등에서 장애가 있는 아동들을 일반 아동과는 다른 곳에 모아서 실시하는 교육 형태의 존재 의의가 여기에 있을 것입니다.

직장에서의 인클루전

IT 산업화나 글로벌화가 진전되고 있는 현대 사회에서는 노동력으로 사람 손을 빌릴 필요가 없는 영역이 점점 나오고 있습니다. 회사 입장에서도 비용 삭감은 스스로의 존속이 달린 문제입니다. 따라서 각 방면에서는 일의 효율화를 위한 경비 삭감의 일환으로 노동력을 줄이기 십상입니다.

이런 시기에 취약한 영역을 가진 사람은 제일 먼저 삭감 후보로 거론됩니다. 어떻게든 그 집단에서 낙오되지 않으려고 노력하는 사람들도 많지만 그런 사람들 중에서 마음 건강을 해치는 사람들이 나오고 있는 것도 사실입니다. 자폐 스펙트럼인들도 이런 사회 환경 속에서 2차적으로 마음 건강을 해치기 쉽습니다.

그러나 잘 생각해 보십시오. 경제 성장은 무엇을 위해 필요한 것일까요?

회사가 수익을 올리기 위해서는 사람들이 소비를 해야만 합니다. 성장만을 근시안적으로 추구하면 집단에서 탈락하고, 마음 건강을 해치고, 장애인으로서 복지적 지원을 필요로 하는 사람이 증가합니다. 그 결과 복지적 예산이 필요하게 되고, 나아가 소비할 사람도 줄기 때문에 회사의 수익도 감소합니다. 이런 악순환도 존재하는 것입니다.

조금이라도 많은 사람이 마음 건강을 해치지 않고 일하며, 번 돈으로 소비를 한다면 그로 인해 회사가 수익을 올리게 됩니다. 이런 경제의 선순환을 발생시키기 위해서는 사회 전체의 의식 개혁이 필요합니다. 그것은 '적재적소'와 '다양한 노동 방법의 수용'입니다. 그 전제로 '경쟁'이 아니라 '서로 함께'라는 가치관이 필요합니다.

사람에게는 누구나 잘하는 것과 못하는 것이 있습니다. 모든 면에서 완벽한 사람은 드뭅니다. 사회는 각 구성원이 잘하는 것과 못하는 것의 톱니가 잘 맞물려 형성되는 것입니다. 자신이 좋아하는 것, 잘하는 것을 보장받고 충실한 생활을 보내기 위해서는 자신이 좋아하지 않는 것이나 못하는 것을 누군가에게 맡길 필요가 있습니다. 그것이 '서로 함께'의 정신입니다.

경쟁 사회에서는 자신도 모르게 인간 관계에 우열을 매기려는 가치관을 가지게 됩니다. 그러나 모든 사람이 똑같은 하나의 기준 위에서 우열을 가리기 위해 경쟁하기만 한다면 사회는 성립되지 않습니다. 어느 정도의 자유 경쟁은 사람에게 발전하려는 마음을 자극하고 의욕을 촉진시키지만, 자유 경쟁이 지나치면 건전한 인간 관계를 파괴해 버립니다.

자폐 스펙트럼인들은 소수자입니다. 사회는 아무래도 다수자에게 편리하도록 만들어졌기 때문에 소수자들에게 딱 맞는 사회 환경이 되지 못하는 부분이 있는 것은 어쩔 수 없는 것인지도 모릅니다. 하지만 '서로 함께'라는 가치관을 가질 수 있는 사회 집단에서는 자폐 스펙트럼인의 장점을 살리고 단점을 부정하지 않아도 되는 사회적 역할을 마련할 수 있을 가능성이 확대됩니다. 그것이 적재적소입니다.

예를 들어 어떤 사람은 사람들이 대체로 싫어하는 기계적 데이터 입력 작업 등을 전혀 싫어하지 않고 척척 해 낼 수 있지만, 다른 사람이 말을 걸면 당황해서 어떻게 대답해야 할지 모릅니다. 그런 사람에게 묵묵히 데이터를 입력하는 역할이 부여될 수 있을지 검토해 보는 것입니다.

유감스럽게도 자폐 스펙트럼인들이 잘하는 업무는 현대 사회에서 그리 많이 마련할 수 없습니다. 따라서 아무리 적재적소라고 해도 다른 사람들과 완전히 동일한 조건에서 고용되는 것이 어려운 경우가 많을지도 모릅니다.

따라서 만일 운 나쁘게도 자신이 잘하는 것을 살릴 수 있는 일을 좀처럼 발견할 수 없는 경우에는 다양한 노동 방식을 모색해야 합니다. 그럴 때 장애인 수첩이 있는 편이 일자리를 찾기 쉬울 것 같으면 수첩 취득을 생각해도 좋겠습니다.

소수자들이 다수자를 대상으로 만들어진 사회 구조 속에서 생활하는 경우, 조금이라도 보호가 필요한 경우가 생기는 것은 어쩔 수 없습니다. 무리해서 참기보다는 이용할 수 있는 복지 제도는 거리낌 없이 이용해야 합니다.

본인도 주위 사람들도 깨닫지 못한 채로 운 좋게 순조롭게 성장하여, 성실하고 신뢰할 만한 인물로서 의미 있는 직장 생활을 하고 있는 비장애 자폐 스펙트럼인들도 아마 많이 있을 것입니다. 나 자신을 포함해서 내 주변에도 그런 사람은 많이 있습니다.

한편, 어린 시절부터 복지나 특수 교육의 지원을 받고 지적 장애나 정신 장애 대상의 장애인 수첩을 취득해서 장애인 대상의 취업 경로로 고용되는 사람도 최근에는 늘고 있습니다. 장애인 고용 제도에는 아직도 개선해야 할 부분이 있다고 생각되지만, 그래도 필요에 맞춰 이용할 수 있는 것은 적극적으로 이용하시기 바랍니다.

자폐 스펙트럼인들의 활동 거점 만들기

자폐 스펙트럼인들은 소수자이긴 하나 일정 정도 인구가 존재합니다. 같은 특성, 같은 고민을 가지고 있는 사람들은 동료가 될 수도 있습니다.

예전에는 장애가 있는 사람들은 격리되었습니다. 도심부에서 떨어진 곳에 시설을 만들어 거기서 살게 했는데, 이런 곳을 콜로니 등으로 일컬었습니다.

격리는 해서는 안 됩니다. 그러나 격리는 좋지 않으니 장애의 유무를 불문하고 모두 함께 생활하자고 한다면, 이번에는 장애가 있는 사람이 비장애인 다수자들 속에 혼자 덩그러니 놓이는 상황이 발생합니다. 이것 또한 장애가 있는 사람에게는 거꾸로 소외감을 느낄 위험이 있는 환경입니다.

사회의 바람직한 상태를 생각하면 같은 흥미, 같은 고민을 가진 동료가 비교적 가까이에 있어야 합니다. 또한, 그러한 동료들이 있는 작은 사회가 더 크고 다양한 사람들이 있는 사회 속에 편입되어 있어서, 구조상 격리되지 않은 그런 사회인 것이 중요하다고 생각합니다.

저는 얼마 전에 '네스팅'이라는 말을 만들었습니다. '네스트=nest'라는 것은 영어로 '동물의 보금자리'라는 의미입니다. 그리고 또 하나, '포개어 넣는 상자'(크기가 다른 여러 개의 상자가 하나의 상자 안에서 딱 들어맞게 설계되어 있는 상자 - 옮긴이)라는 의미도 있습니다.

인간 사회는 큰 공동체 안에 작은 공동체가 포개어 넣는 상자처럼 들어가 있는 상태로 존재합니다. 예를 들면 사회, 지역의 취미 서클, 이웃 모임, 학교 동창회 등, 우리는 복수의 공동체에 속해 있고 그것들은 모두 보다 큰 사회 속에 들어가 있는 것입니다.

자폐 스펙트럼인들에 관해서도 그들의 교류 공동체가 있고, 다른 공동체와 마찬가지로 그것이 큰 사회 속에 들어가 있는 상태로 생활할 수 있어야 합니다. 결코 집단화시켜 배타적으로 대하는 격리라는 발상이 아닙니다. 소수자인 그들이 자신의 활동 거점을 가짐으로써 일반 사회 속에서도 잘 해 나가려는 의욕이 고취될 것입니다.

그러면 그런 활동 거점은 어떻게 만들어 가면 좋을까요?

제 경험으로 말하자면 거점 만들기는 되도록 어릴 때부터 시작하는 것이 순조롭게 진행될 가능성이 높습니다. 이때, 아동의 활동 거점을 만들기 전에 우선 비슷한 처지의 부모님들끼리 교류를 하면 활동 거점을 오래 유지할 수 있을 가능성이 높아집니다. 같은 상담 기관에 다니는 자폐 스펙트럼 아동의 부모들끼리 친분 관계를 오래 지속하게 되면 아이들에게도 동료 의식이 싹트는 경우가 적지 않습니다.

요코하마의 외래 진료에서 제가 계속 담당하고 있는 학생이 고등학교에 입학했다고 보고하러 왔습니다. 그 고등학교에 아는 사람이 있느냐고 제가 묻자, "P 군과 Q 군이 같은 반입니다"라고 친구들의 이름을 댔습니다. 그들은 유아기에 통원 시설에서 같은 반이었습니다. 통원 시설을 졸업한 후에도 10년 이상 계속 교류를 지속하고, 지금도 쉬는 날에는 함께 놀거나 한다고 합니다.

물론 어릴 때 그런 교류 기회가 없었다면 성장한 후에 시작해도 충분히 가능합니다. 그럴 때 취미라든가 어떤 매개체가 필요합니다.

저는 '네스트 재팬'이라는 NPO 법인 운영에 관여하고 있는데, 이것은 그런 교류의 장을 조금이라도 늘리고자 하는 목적을 가지고 있습니다. 예를 들면, 철도를 좋아하는 사람들을 모아 철도 동호회를 만들어 정기 모임을 갖고, 때때로 기차 여행을 가는 등의 여가 활동을 지원하고 있습니다.

활동 거점 만들기에서 중요한 것이 한 가지 더 있습니다. 활동 거점은 되도록 여러 개를 만들어 두는 것입니다. 이것은 등교 거부나 은둔형 외톨이 대책이라는 의미로도 중요합니다. 등교 거부는 학교 측에 문제의 원인이 있는 경우도 있기 때문에 반드시 예방할 수 있다고는 장담할 수 없습니다. 그러나 은둔형 외톨이는 예방했으면 좋겠습니다.

여러 개의 활동 거점을 가지고 있는 사람은 만일 어떤 곳에서 뜻대로 되지 않더라도 다른 곳에서 즐겁게 지낼 수 있다는 사실이 활력소가 되어 어떻게든 극복할 수 있는 경우가 많습니다. 그러나 자신이 소속된 곳이 한 군데밖에 없다면 거기서 잘 지내지 못했을 때 갈 곳을 잃게 됩니다. 그것이 은둔형 외톨이로 이어지는 것입니다.

현재의 학교 체제에서 특수 교육을 받고 있는 사람은 여러 개의 활동 거점을 가지고 있는 경우가 많습니다. 예를 들면 특수 학급이나 특별 지도 교실 등에 다니고 있는 사람은 일반 학급과 특수 교육을 하는 곳이라는 두 개의 활동 장소를 가질 수 있습니다.

문제는 일반 학급에만 다니고 있는 학생입니다. 학교에서 잘 지내지 못하게 되었을 때, 등교 거부를 하게 될 뿐만 아니라 달리 갈 곳이 없기 때문에 은둔형 외톨이가 되기 쉽습니다.

학교 외에 무엇인가를 배우러 다니거나 취미 서클 등에 다니는 것도 활동 거점 만들기의 일환이 될 수 있습니다. 단, 배우러 다닌다면 좋아하는 것, 잘하는 것을 계속 하기 위한 것임을 잊지 말아 주십시오. 결코 취약점 극복을 위한 배움이 되지 않도록 해 주시기 바랍니다.

주위 사람들이 자폐 스펙트럼인을 대하는 법

자폐 스펙트럼인들은 사고 방식과 정서에 공통점이 있는 소수자 종족입니다. 소수자가 자신들의 불리한 점을 극복하기 위해 다수자의 사고 방식이나 정서를 배울 수가 있다면 좋겠지만, 유감스럽게도 자폐 스펙트럼인들에게는 그것이 어렵습니다.

자폐 스펙트럼인들의 사회 참가를 촉진시키려면 가까운 사람들이 자폐 스펙트럼적 사고나 감정의 특징을 배워야 합니다. 여기에서는 그것을 위한 원칙적인 유의점을 설명하겠습니다.

(1) 먼저 당사자가 하려는 말을 듣는다

자폐 스펙트럼인들의 행동에는 반드시 독자적인 패턴이나 법칙이 있으므로 그것을 이해해야 합니다. 상식과 다른 패턴이나 법칙이라도 일관성이 있고, 당사자가 중요하게 생각하고 있는 것이라면 경청해야 합니다.

자폐 스펙트럼인들은 의견을 듣고 이해하려는 사람을 신뢰하며, 일방적으로 단정하고 남의 말을 듣지 않는 사람은 신뢰하지 않습니다.

(2) 명령이 아니라 제안을 한다

의견이 다른 경우, 당사자가 충분히 자신의 의견을 말한 후에는 이쪽 의견을 말해도 됩니다. 단 이쪽 의견을 강요하거나 설득하려고 하면 안 됩니다. 당사자 의견과 이쪽의 의견을 함께 놓고 비교하게 하는 것까지만 합니다. 즉, 명령이 아니라 제안입니다. 그 후에 합의를 형성할 수 있을지 어떨지는 자폐 스펙트럼인 당사자에게 달려 있습니다.

(3) 언행일치를 명심한다

자폐 스펙트럼인들은 논리적으로 이치에 맞는 사람을 신뢰합니다. 말과 행동이 모순되는 사람은 신뢰하지 않습니다. 그렇기 때문에 되도록 예외를 만들지 않도록 해야 합니다. '이번만…' 하는 식으로 온정을 바라거나 상대방의 호의에 기대려고 하는 태도는 자폐 스펙트럼인들의 신뢰를 떨어뜨립니다.

(4) 감정적이 되지 않는다

안심할 수 있는 온화한 감정은 좋지만, 그 이외의 감정을 나타내면 자폐 스펙트럼인들은 혼란에 빠지기 쉽습니다. 중요한 메시지를 전달하려고 할 때는 절대로 감정적이 되지 않도록 조심하십시오.

(5) 정보를 시각적으로 제시한다

백문이 불여일견입니다. 자폐 스펙트럼인들은 말로 하는 설명을 듣기만 해서는 마음속 깊이 납득하지 못합니다. 일반인이라면 직감적으로 이해할 수 있을 만한 것이라도 이들에게는 되도록 실물이나 그림, 문자 등의 시각적 정보로 명시하도록 노력해 주십시오.

(6) 눈에 잘 보이지 않는 것을 말로 구조화한다

자폐 스펙트럼인들은 자기 감정을 분석하는 데 서툽니다. 슬플 때 "뭔가 슬픈 일이 있었니?" 하고 누가 물어야 비로소 "아, 나는 지금 슬프구나" 하고 깨닫는 일조차 있습니다.

또한, 어떤 활동을 할 때는 미리 그 활동 장소의 규칙을 전달해 두면 마음의 준비를 하고 임할 수 있습니다. 메시지를 전달할 때는 되도록 애매한 표현이 되지 않도록 하십시오. '나중에'가 아니라 '10분 후에 다시 오세요'와 같이 구체적인 정보가 있어야 안심합니다.

(7) 집착은 잘 이용한다

'집착 보존의 법칙'을 알고 있다면 이해할 수 있겠습니다만, 집착의 유무가 문제가 아니라 무엇에 집착하는지가 문제입니다. 일상생활이나 취미 속에 집착 대상이 들어가도록 유의해야 합니다.

걱정스러운 집착이 있더라도 위험하지 않으면 그냥 놔둘 수도 있는데, 시간이 지나면 싫증을 내는 수도 있기 때문입니다.

물론, 위험한 집착은 100% 회피해야 합니다.

제5장
자신이 자폐 스펙트럼일지도 모른다고 생각했다면…

제5장
자신이 자폐 스펙트럼일지도 모른다고 생각했다면…

 여기까지 읽으신 독자분은 자폐 스펙트럼인의 대략적인 특징은 파악하셨을 것이라고 생각합니다. 동시에, 그런 특징의 몇 가지가 자신에게도 해당된다고 느껴서 '혹시 나도 자폐 스펙트럼일지도 몰라' 하고 걱정이 되는 분도 계실지 모릅니다.
 따라서 마지막 장에서는 '자신이 자폐 스펙트럼일지도 모른다고 생각했다면 어떻게 하면 좋을까?'에 관해 다루어 보겠습니다.

해 두어야 할 일
 만일 자신이 자폐 스펙트럼일지도 모른다고 생각했다면 무엇인가 해 두어야 할 일이 있을까요?
 자폐 스펙트럼 중에서도 비장애 자폐 스펙트럼인 분은 현재 특별히 어려운 점이 없다면 지금처럼 생활해도 상관없습니다. 그러나 좁은 의미의 자폐 스펙트럼 장애, 또는 병존군도 포함한 넓은 의미의 자폐 스펙트럼 장애를 가진 분은 의료 기관이나 복지 상담 기관에서 지원을 받을 것을 권합니다.

* * *

다음 질문 ①, ②에 대해, '예', '아니오'로 답해 보십시오. 스스로 답하는 것뿐만 아니라, 가족(부모, 형제자매, 배우자 등)이나, 사회인이라면 직장 상사나 동료 등 가까운 주위 사람의 답변도 받도록 하십시오.

주위 사람이 답했을 경우, ①에 대해서는 여러분(○○○씨)에 대해 답변자가 보았을 때 어떻게 생각하는지, ②에 대해서는 여러분(○○○씨)에 대해 답변자가 어려움을 겪고 있는지 여부를 답변하도록 하십시오.

① ○○○씨는 '임기응변적 대인 관계에 서툴고, 자신의 관심과 방식 및 진행 속도의 유지를 가장 우선시하고자 하는 본능적 지향이 강하다'는 특징이 있다고 생각한다
② 현재 일이나 개인적으로 ○○○씨에 관련되어 어려움을 겪고 있는 일이 있고, 그 요인으로 ①이 관계가 있다.

답변자 전원이 ①과 ② 양쪽에 '아니오'라고 답한 경우, 자폐 스펙트럼의 가능성은 낮으며 어떤 조치도 취할 필요가 없습니다.

답변자 중 누군가가 ①에 '예'라고 답했을 경우, 여러분은 자폐 스펙트럼일 가능성이 있습니다. 이 경우, ②에 대해 답변자 전원이 '아니오'라고 대답했다면 일이나 생활에 지장은 없기 때문에 비장애 자폐 스펙트럼이라고 생각해도 좋겠습니다.

누군가가 ①에 대해서 '예'라고 답하고, 게다가 ②에 대해서도 누군가 '예'라고 답한 경우, 여러분은 자폐 스펙트럼 장애일지도 모릅니다.

자폐 스펙트럼 장애라면

앞의 질문에서 스스로는 ①도 ②도 '아니오'인데, 가족이나 직장에서 함께 생활하고 있는 사람이 ①과 ② 양쪽에 '예'라고 대답한 경우, 여러분은 충격을 받을지도 모릅니다. 하지만 그 사람이 '예'라고 대답한 것은 여러분의 일이나 가족 생활을 좀 더 개선시키는 것이 여러분을 위해서도 도움이 될 것이라고 생각했기 때문입니다.

대답하기 힘든 질문에 용기를 내서 답변해 준 직장 사람들이나 가족에게 감사하면서, 그 사람이 어떤 부분을 문제라고 생각하는지 들어 보십시오. 이때, 절대로 감정적이 되지 않도록 조심하십시오. 여러분이 이성적으로 이야기하면 상대방도 이성적으로, 또한 성심성의껏 대답해 줄 것입니다.

여러 번 되풀이해서 말씀드리지만, 자폐 스펙트럼인들이 사회 속에 참여하기 위한 열쇠가 되는 것은 자율 스킬과 소셜 스킬입니다. 스스로는 문제가 없다고 생각하는데 주위 사람들은 그 사람이 문제가 있다고 생각하는 경우, 소셜 스킬 보강이 필요합니다.

자신은 잘 하고 있다고 생각해도 다른 사람이 보았을 때 제대로 못 하는 경우가 있고, 그 사실이 본인에게 전달되기 어려운 상태인 경우가 많습니다. 따라서 자신의 주위 사람 가운데 상담 상대가 되어 줄 듯한 사람이 있는지를 생각해 보십시오. 가능하면 직장, 가정, 취미 생활을 하는 곳 등 각기 다른 상황에서 상담할 수 있는 주요 인물이 있는 것이 이상적입니다.

물론, 상대방도 인간이기에 완벽하지는 않습니다. 이야기가 모순된다든지, 여러분의 생각과 다른 의견을 말할 수도 있습니다. 또 여러분에게도 자신의 생각은 있으므로 상담 상대가 말하는 것에 100% 따를 필요는 없습니다. 중요한 것은, 스스로는 잘 하고 있다고 생각하고 있는 것이 다른 사람이 보아도 마찬가지로 잘 하고 있는 것으로 보이는지 확인하는 것입니다.

납득이 가지 않는 경우에는 자신의 생각을 전달해 보고, 상대방의 생각과 어디가 같고 어디가 다른지 확인해 보십시오. 이때, 절대로 감정적이 되지 않도록 조심하십시오. 만일 감정적이 되는 것 같다면 좀 시간을 두고 나서 다시 이야기를 나눠 보면 좋겠습니다.

주변 사람 가운데에서 상담 상대를 찾지 못하는 경우나, 상담 상대는 있어도 지적을 받으면 그만 발끈해서 이성적으로 조언을 들을 수 없는 경우에는 정신과 의료 기관이나 발달 장애 전문 상담 기관에 가서 상담을 받을 것을 권합니다. 자폐 스펙트럼 장애의 진료 및 상담을 하는 기관에 대해서는 각 자치 단체에 설치되어 있는 **'발달 장애인 지원 센터'**(한국에도 중앙 및 지자체에 발달 장애인 지원센터가 설치되어 있다 – 옮긴이)에 문의해 보십시오.

앞서 제시한 질문에 대하여 자신의 답변이 ①과 ② 모두 '예'인 경우에는 주위 사람의 답변이 어떻든 간에 정신과 의료 기관과 지원 센터 등 상담 기관 양쪽에 한 번은 찾아가 보십시오.

정신과에서는 어떤 문제로 고민하고 있는지(주요 증상) 묻습니다. 이 단계에서 갑자기 "내가 자폐 스펙트럼은 아닐까요"라고 질문하더라도 정신과 의사는 문제를 알 수 없습니다. 우선, 구체적으로 어려움을 겪고 있는 생활상의 고민을 말하십시오. 그런 다음, 자신이 자폐 스펙트럼이 아닌가 하는 생각이 든다면 그것에 관해 의사의 의견을 물어 보십시오.

스스로는 자폐 스펙트럼일지도 모른다고 생각하더라도 고민하고 있는 문제가 우울증이나 불안에서 기인한 것이라면 우울증이나 불안 장애 등 다른 진단명을 붙이는 경우가 많습니다. 실제로 주된 문제가 이런 2차적인 문제인 경우도 많기 때문에 우선은 그쪽 치료부터 시작해도 상관없습니다.

이 경우 2차적 문제는 치료를 시작하고 나서 얼마 동안은 개선되는 경향이 있을 수 있습니다. 그러나 그 배경에 자폐 스펙트럼 문제가 있을 경우, 언젠가는 그쪽에 대한 대처를 하지 않으면 본질적인 치료는 되지 않습니다.

　현재 자폐 스펙트럼에 대한 감수성은 의사에 따라서 다를 수 있습니다. 만일 의사의 설명이 납득이 가지 않는다면 다른 의사에게 세컨드 오피니언을 구할 수도 있습니다. 세컨드 오피니언은 요즘 시대에는 당연한 듯이 이루어지고 있기 때문에 주치의의 눈치를 살필 필요는 없습니다. 담담하게 희망 사항을 이야기하면 필요한 데이터를 준비해서 진료 의뢰서를 써 줄 것입니다.

비장애 자폐 스펙트럼의 경우

　비장애 자폐 스펙트럼인은 자폐 스펙트럼의 특징이 있으면서도 자타 모두가 생활에 어려움은 겪고 있지 않은 셈이므로, 현재로는 특별히 무엇인가를 변경할 필요는 없습니다.

　단지 직장이나 생활 환경의 변화로 스트레스가 심해지는 것은 앞으로의 인생에서도 있을 수 있는 일입니다. 그런 스트레스로 심신 상태가 좋지 않다고 느끼게 되면 주의가 필요합니다. 자폐 스펙트럼인은 2차적 문제가 생기면 반응성 정신 질환의 위험도가 높아지므로 너무 무리를 하지 않도록 하십시오.

　이 책에서 몇 번이나 언급하고 있는 자율 스킬과 소셜 스킬의 사고방식을 알아 두면 좋을 것입니다.

　자율 스킬에서 중요한 것은 자신이 잘하는 것을 일이나 취미 속에서 마음껏 살리는 것과, 자신이 어디까지 가능한지 한계를 알고, 못하는 것에 지나치게 얽매이지 않는 것입니다. 소셜 스킬에서 중요한 것은 사회적 규칙을 지키고 이치에 맞는 행동을 하는 것과, 자신의 능력을 넘어서는 일에 대해서는 의지할 수 있는 상담 상대를 확보하는 것입니다.

자폐 스펙트럼인들은 종종 너무 열중해서 도를 넘어 버립니다. 그렇게 되지 않도록 제3자 시점의 조언을 받는 습관을 가지면 큰 좌절을 막을 수 있습니다.

자폐 스펙트럼에 속한다는 것이 언제나 문제의 근원이 되기만 하는 것은 아닙니다. 자폐 스펙트럼인들이 잘하는 부분을 막힘없이 활용하고, 못하는 부분을 기탄없이 누군가에게 상담하면서 생활할 수 있다면 오히려 매력적인 개성으로 그 특성을 살릴 수 있다는 것을 잊지 말아 주십시오.

맺음말

　현재 정신과 의사들의 관심을 가장 많이 받고 있는 주제 가운데 하나가 발달 장애입니다. 정신과에 관련된 학회에서는 반드시 성인 발달 장애에 관한 강연이나 심포지엄이 열리고, 성황을 이룹니다. 제가 편집위원을 맡고 있는 정신과 전문지에서도 성인 발달 장애에 관한 특집호는 판매 부수가 늘어난다고 합니다. 그러나 이런 성인 발달 장애 붐에 대해 조금 냉정한 눈으로 볼 필요가 있지 않을까 합니다.
　정신과 의사가 관심을 기울이고 있는 것은 발달 장애 그 자체라기보다, 오히려 발달 장애가 간과된 채로 부적절한 환경에 놓인 사람들에게 발생하는 2차적 문제입니다. 바꿔 말하면 '발달'에 관심이 있는 것이 아니라 '트라우마'와 그 치료에 관심이 있는 의사가 많다고 생각할 수밖에 없습니다.
　자폐 스펙트럼은 충치에 걸리기 쉬운 체질과 비슷한 데가 있습니다. 충치에 걸리기 쉬운 사람은 그렇지 않은 사람보다 매일 양치질을 공들여 해야 합니다. 양치질을 게을리하는 듯싶으면 이내 충치가 생기고 심해집니다. 하지만 양치질만 열심히 하면 충치를 막을 수 있습니다.

충치에 걸리기 쉬운 체질이 아닌지 의심될 때, "충치에 걸리기 쉬운지 어떤지는 충치에 걸려 보지 않으면 알 수 없지" 하면서 양치질을 굳이 안 하고 어떻게 되는지 지켜보고 있으면 심각한 충치가 되어 버립니다. 그렇게 되고 나서 치과 치료를 받으면 "이렇게 충치가 심한 사람이 있어서 치료가 매우 힘들었다"는 치과 의사의 무용담 소재가 될 뿐입니다. 게다가 심한 충치를 아무리 잘 치료해도 원래의 치아는 돌아오지 않습니다.

자폐 스펙트럼인의 다수는 2차적 문제가 없다면 어느 정도 사회 참여가 가능합니다. 그러나 일상생활 속에서 조금만 스트레스를 받아도 2차적 문제가 발생하기 쉽고, 일단 발생하면 심각한 트라우마가 남을 우려가 있습니다. 트라우마를 가능한 한 예방하기 위해서는 평소에 스트레스에 잘 대처해 둘 필요가 있습니다.

하지만 스트레스에 대처하는 것은 생색이 나지 않는 작업입니다. 거기에 비하면 "이렇게 트라우마가 심한 사람이 있어서 치료가 매우 힘들었다"는 이야기는 정신과 의사에게 무용담이 됩니다. 이 경우, 트라우마가 발생하지 않으면 의사가 나설 기회가 없어지기 때문에(아마도 무의식적일 것이라고는 생각합니다) 트라우마 예방을 열심히 하는 것을 망설이게 될 가능성조차 있습니다.

신랄한 관점으로 보자면, 그런 의사들이 "자폐 스펙트럼인지 어떤지는 문제가 더 확실하게 생겨야 알 수 있다"면서 진단을 내리지 않는 것은, 트라우마가 생기지 않으면 자신의 무용담에 보탤 수 없기 때문이 아닌가 하는 생각마저 듭니다.

그런 관점에서 세상의 움직임을 보면 누가 진정으로 자폐 스펙트럼인들의 행복한 인생 설계를 생각하려고 하는지 알 수 있을 것입니다. 자폐 스펙트럼인들이 불필요한 트라우마를 얻지 않고 성장할 수 있도록 하기 위한 예방적 배려에 정면에서 뛰어드는 전문가가 앞으로 더욱 필요합니다.

2011년 4월, 야마나시 현에서 아동 및 청년 정신과 의료와 발달 장애인 지원 센터의 상담 기능을 합친 새로운 센터로서 '야마나시 현립 마음 발달 종합 지원 센터'가 개설되었습니다. 저는 약 20년간 근무했던 요코하마를 떠나 새 직장에서 일을 시작하게 되었습니다.

야마나시로 옮길 때 저는 다음과 같은 것을 생각했습니다.

발달 장애인들에 대한 지원은 발달 장애만 생각해서는 안 된다. 어떤 사물 전체를 보는 데는 그것을 둘러싼 주변부도 합쳐서 보아야만 그 전체 양상을 이해할 수 있다. 발달 장애라고 하면 하나는, 종래 '그레이 존'(장애와 비장애의 경계에 있어서 선을 긋기 힘든 상태 - 옮긴이)이라고 해서 소극적으로 대처하는 사람들이 많았던 영역을 포함할 것, 또 하나는 모든 연령대를 대상으로 할 것.

그런 의미에서 이런 종류의 시설에 흔히 있는 '장애'와 '아동'이라는 말을 명칭에 넣지 않았던 것입니다. 또한, 진단을 받는 것을 전제로 한 복지 서비스뿐만이 아닌 상담 기능을 보장하기 위해 진찰을 받지 않아도 상담 지원을 받을 수 있는 시스템으로 만들었습니다.

지금 이 센터에는 다양한 연령대, 다양한 유형의 사람들이 방문하고 있습니다. 그중에는 이 책에서 제가 이야기한 '비장애 자폐 스펙트럼' 유형으로 성장하리라고 예상되는 사람들도 포함되어 있습니다. 이 사람들이 2차적 문제를 어느 정도 예방할 수 있을지, 예방했다면 어떤 인생을 살아가게 될지 앞으로 실시간 검증해 갈 수 있었으면 합니다.

이 책은 의사의 무용담 따위가 필요 없는, 소박하고 평범하지만 충실한 생활을 조금이라도 많은 자폐 스펙트럼인들과 그 가족에게 보장하기 위해서는 어떻게 하면 좋을지에 대해 제가 20년간 생각해 온 것의 핵심을 정리한 것입니다.

수많은 사례의 통계 데이터를 통해 실증한 것만을 제시한 것은 아니지만, 의료 최전선의 임상의로서 이제까지 자폐 스펙트럼인들 수천 명을 진료하고 그중 수백 명은 10년 이상 지속적으로 보아 온 경험에서 얻은 지혜를 담았습니다.

본문 내에서도 잠깐 언급했지만 사실은 저 자신도 비장애 자폐 스펙트럼인의 한 사람입니다. 어찌된 셈인지 저와 친한 주변 사람들 중에도 자각하고 있든 아니든 자폐 스펙트럼인이 많이 있습니다. '유유상종'이라고 할까요.

미묘한 대인 관계보다 자신의 관심, 방식, 진행 속도의 유지를 가장 우선시하고 싶어하는 특성은 진료에서 만나 왔던 자폐 스펙트럼인들과 크게 겹치고, 경계선 같은 것은 그을 수가 없습니다. 그런 의미에서 저의 임상 경험은 약 50년에 걸친 사적 일화들에서도 성장해 왔다고 할 수 있습니다. 거기에서 얻은, 말하자면 생활의 지혜가 이 책의 원점일지도 모르겠습니다.

이 책에 씌어 있는 내용은 높은 수준의 세세한 지식은 아닙니다. 매우 단순하고 기본적인 견해를 정리한 것입니다. 하지만 어떤 분야에서도 기본을 잘 다지는 것이 중요합니다.

우리는 자신도 모르게 세세한 정보가 늘어나는 것에 눈길이 가기 쉽지만 그것에 가려져 기본을 소홀히 하기 쉽습니다. 잔재주를 부린 지식이나 기술에 현혹되어 2차적 문제를 조장하지 않도록 조심하는 것과 동시에, 곰곰이 기본적 지원론에 대해 생각하면서 차분히 걸어가는 것이 중요합니다.

이 책으로 인해 조금이라도 많은 사람들이 자폐 스펙트럼에 대한 관심을 가지고 이해해 주셨으면 합니다. 또한 이 책을 읽은 자폐 스펙트럼인이 사회 속에 참여하기 위한 힌트를 조금이라도 얻을 수 있었다면 그보다 더한 기쁨은 없을 것입니다.

혼다 히데오

옮기고 나서

　마고북스에서 2019년에 출판한 ≪TEACCH, 지금 행복하고 건강하게 자폐와 더불어 사는 법≫(사사키 마사미 지음) 이후 또 다시 TEACCH(구조화된 교수법. TEACCH는 노스캐롤라이나 대학 티치 부서의 등록 상표이므로 일본에서는 최근 이 용어보다는 '구조화'라는 표현을 많이 사용함. 이하 '구조화'로 표기)의 철학에 기반한 책을 번역하게 되었습니다. 일본에서 구조화 치료교육 방법론을 보급시킨 사사키 마사미 선생님은 요코하마 시 종합 재활 센터를 중심으로 활동하며 많은 후학들을 길러냈는데, 이 책의 저자인 혼다 히데오 선생님도 그곳에서 일했던 후학들 가운데 한 사람입니다.

　요코하마 시 종합 재활 센터에서는 수많은 발달 장애인들을 어린 시절부터 장기 추적 연구해 왔습니다. 혼다 선생님은 그곳에서 20년간 일하면서 축적된 데이터에 기반한 연구 성과를 냈습니다. 이 책은 그러한 장기적 데이터를 토대로 한 자폐 스펙트럼인들에 관한 보고서이며 안내서이기도 합니다. 조기 발견 이후 특정 치료 교육이 효과를 보인다는 주장에 대해서도 그것이 장기적으로 어떤 영향을 미치는지에 대해서 검토했습니다.

발달 장애 아동을 키우는 부모님들에게 가장 괴로운 시절이 언제인지 묻는다면, 만 두 살 전후부터 취학 전까지라고 대답하시는 분들이 많습니다. 아이가 대체 어떤 상태인지, 그리고 앞으로 어떻게 될 것인지 예측을 할 수 없기 때문에 불안한 것입니다. 그리고 그 불안함과 불확실성 속에서도 어떻게든 취학 전까지 온갖 교육과 훈련을 최선을 다해 시켜서 아이를 '정상에 가깝도록 치료해 놓아야 한다'는 의무감에 쫓깁니다. 이렇게 하는 것이 과연 옳은 일인지에 대해 혼다 선생님은 장기 추적 결과로 대답합니다. 그토록 고생스럽게 하는 일들이 장기적으로 아이를 위해 옳은 노력이 아니라고 말입니다.

일본에서는 현재, 특정 치료 교육의 성과라는 것이 표면적이고 일시적이지만 근본적으로 발달장애를 '치료'할 수는 없으며, 무리하게 치료 교육을 받았던 아이들이 나중에 2차 장애로 고생하는 경우가 많다는 사실에 주목하고 있습니다. 그래서 행동 교정보다는 어린 시절에는 행복한 경험, 즉 평생의 자산이 될 '마음의 저축'을 하는 것이 중요함을 강조합니다. 또 지적 능력을 향상시키기 위한 과도한 훈련보다는 자율 스킬, 소셜 스킬 등 생활력을 향상시키는 것을 더 중요시합니다. 이때 이런 스킬은 스스로 모든 것을 다하는 것이 아니라 못하는 것에 대해 다른 사람에게 도움을 요청할 수 있는 기술을 의미하며, 이것을 통해 사회와 더불어 살아갈 수 있도록 하려는 목적을 가지고 있습니다.

구조화 방법론은 현재 일본에서 널리 받아들여지고 있지만, 널리 실천되는 만큼 잘못 이해되는 사례들도 있었습니다. 이 책에서는 그런 오해와 구조화 교육을 할 때 주의할 점도 소개하고 있습니다. 한국에서도 첫머리에서 언급한 사사키 선생님의 저서가 번역 출판된 이후, 구조화 방법론에 대한 관심이 높아졌고, 인터넷에서는 동영상 강의도 등장했습니다. 이 훌륭한 특수교육 방법론이 알려지게 되는 것은 기쁜 일이지만 혼다 선생님이 강조하듯이 구조화는 아이에게 어른이 무엇인가를 시키기 위한 도구가 되어서는 안 됩니다. 구조화는 '합의'를 위한 것임을 이 책은 강조하고 있습니다.

혼다 선생님과 같이 인클루전 사회를 지향하는 사람들은 자폐 스펙트럼을 하나의 개성으로 보고자 하며, 이것을 장애로 볼 것인가 하는 문제에 관해서는 '일상생활에서 얼마나 어려움을 겪는가, 다른 사람의 도움을 얼마나 필요로 하는가' 하는 것을 기준으로 보고 있습니다. 혼다 선생님은 장애인의 격리에는 반대하지만, 단순한 사회 통합에도 반대하며, 그저 사회 속에 내던지는 것이 인클루전이라고 오해해서는 안 된다고 주장합니다. 장애가 있다면 당당하게 지원을 요구하고, 또 스스로 못하는 부분은 다른 사람에게 도움을 받아 가면서 자폐인들과 비자폐인들이 따로 또 같이 살아가는 '네스팅' 사회를 제안합니다.

한국에서는 2020년 12월, 시설에 수용된 사람들을 가정과 사회로 돌려보내는 탈시설화에 관한 법률안이 발의된 이래 정부와 발달장애인 보호자들 간에 논의가 계속되고 있는 것으로 알고 있습니다. 개인적으로는 탈시설 정책 이전에 먼저 현실적이고 세심한 이해와 돌봄, 지원 인프라를 구축하는 것이 필요하며, 그보다 더 근본적으로는 발달 장애인 한 사람 한 사람이 매우 다른 특성을 가지므로 지원도 이에 맞춰 다양하게 실시되어야 한다는 관점에 관한 사회적 이해가 필요하다고 생각합니다. 혼다 선생님의 책은 이런 문제를 생각할 때 여러가지 시사점이 있을 것입니다.

다만 혼다 선생님의 책은 2013년에 씌어진 책이므로 진로 문제에 관해 최근과는 조금 다른 전망을 가졌던 시기의 의견이라는 점을 지적하고 싶습니다. 혼다 선생님은 자폐 스펙트럼인의 진로 지도에서 지적 능력보다 조금 목표를 낮춰서 지원하라고 조언하면서, 오늘날 공부를 잘해도 의사소통 능력이나 사회성이 부족하면 직장 생활이 어렵고 대학 교수조차도 그러하다고 주장했습니다. 그러나 코로나 유행 이후 비대면 업무도 늘었고, 최근에는 독립적 연구자(independent scholar)도 논문을 발표하거나 연구비를 신청할 수 있는 기회가 열리고 있습니다. 따라서 당사자가 지적 활동을 좋아하고 어느 정도 능력이 있다면 공부 쪽으로 선택하게 하는 것도 좋지 않을까 개인적으로 생각해 봅니다. 혼다 선생님의 "가상 세계에 내일은 없다"는 말은 공감하지만, 현재 가상 세계와 현실 세계와의 관계도 2013년과 많이 달라졌으니 말입니다.

 옮긴이 또한 자폐 스펙트럼 장애 아동을 키우는 한 엄마로서, 혼다 선생님이 어릴 때는 과보호인 듯하게 키우고 사춘기 이후에 도전하게 하라는 말에 공감했습니다. 과보호와 도전의 시기 역시 아이들마다 다를 수 있으니 아이를 잘 살펴서 교육 방침을 변경할 시기를 신중하게 정해야 할 듯합니다. 이 책 덕분에 자폐에 관한 이해가 더욱 깊어질 수 있었다고 느끼며, 성장하고 있는 아이에게 이제 조금씩 도전 과제를 늘려 보라는 딸아이 주치의의 충고도 잘 받아들일 수 있었습니다.
 이 책을 소개해 주신 마고북스 대표님께 감사드리며, 교사로서 번역에 여러 조언을 해 준 남편 오쓰카 사토루에게도 고마움을 전합니다.

일본 군마에서 이윤정

옮긴이의 보충 설명

혼다 선생님이 언급한 자폐적 퇴행(오레센 현상)에 관해 보충 설명을 하고자 합니다.

아이가 할 수 있었던 것들을 못하게 되거나, 한 번 나왔던 말이 폭발적으로 증가하지 않고 같은 단어를 다시 말하지 않게 되면 엄마의 양육 방식에 문제가 있는 것이 아닌가 생각하기 쉽습니다. 그러나 이 현상은 자폐 아동의 특징 가운데 하나라고 혼다 선생님이 언급했는데요, 일본에서는 이 현상에 대해 예전부터 많이 연구되고 사회적으로도 널리 인식되고 있다는 인상을 받았습니다. 또한 한국에서는 유독 자폐증에 관해 선천적인 것이 아닌 후천적으로 보는 경향이 아직도 남아 있는데, 특히 이 퇴행성 자폐에 관해 어머니들에게 죄책감과 부담을 주는 분위기가 있는 듯합니다.

퇴행을 동반하는 자폐를 'setback-type autism, regressive autism' 등으로 부르고 있고, 일본에서는 이 퇴행을 '오레센 현상(折れ線現象)'으로 부릅니다. 2013년 DSM-5가 나오기 전에는 이것과 비슷한 개념으로 '소아기 붕괴성 장애'라는 진단명이 있었는데, 소아기 붕괴성 장애는 적어도 만 두 살까지

는 정상 발달을 보이다가 명백히 퇴행을 보이는 유형을 지칭하는 것이었습니다. 1983년 쿠리타는 자폐성 퇴행에 주목, 자폐 아동의 37.2%에서 이러한 퇴행이 나타나며 붕괴성 장애와 동일한 질환일 가능성이 있다고 주장했습니다. 그러나 그 후 연구가 진행됨에 따라 자폐증이 비퇴행성과 소아기 붕괴성 장애와 같은 확연한 퇴행성 자폐로 구별되기보다는 경계가 모호한 스펙트럼에 가까운 것으로 여겨지게 되었습니다. 이에 따라 소아기 붕괴성 장애는 DSM-5에서 '자폐 스펙트럼 장애' 안에 포함되게 되었습니다.

즉 자폐증에서 퇴행은 일어나는가 또는 아닌가로 명확히 구분하기 어렵다는 것입니다. 퇴행은 언어 능력을 비롯해서 의사소통이나 사회성 등 다양한 영역에서 일어날 수 있고, 그 양상도 다양한 것으로 알려지고 있습니다. 예후에 관해서는 논쟁이 진행되고 있는데, 퇴행이 있으면 예후가 나쁘다는 주장도 있었으나 퇴행성과 비퇴행성에 큰 차이가 없다는 연구도 있습니다.

한편, 퇴행을 동반하는 자폐증 아동의 어머니들이 비퇴행 자폐증 아동들의 엄마보다 더 큰 죄책감을 가지며 퇴행의 이유를 알고 싶어하지만, 그 원인은 어머니의 탓이 아니며 자폐의 전형적 현상 가운데 하나라고 합니다. 퇴행/비퇴행성 자폐 아동의 발달 과정, 어머니의 아동에 대한 인식, 가족사, 기존 의료사항 등을 비교 연구한 결과 차이는 거의 없었다는 연구도 나오고 있습니다.

그리고 퇴행을 막아 보려고 아이에게 말을 많이 거는 등 과도하게 아이를 훈련시키는 것은 이 책에서도 강조했듯이 2차 장애를 생기게 할 위험성이 있습니다. 자폐 아동들은 비자폐 아동들에 비해 청각 정보 처리에 어려움을 겪는 경우가 많으므로 너무 말을 많이 걸면 과부하에 걸릴 수 있다고 합니다.

아직도 자폐증에 관해서는 명확히 밝혀지지 않은 것들이 많지만, 아이의 퇴행이 어머니 탓이라는 생각은 잘못된 것이며 또한 그로 인해 괴로워하는 것은 아이의 발달과 마음 건강에도 도움이 되지 않는다고 합니다. 과도한 훈련보다는 마음속 행복을 저축하는 것이 앞으로 살아가는 데 더 큰 힘이 될 것이라는 혼다 선생님의 주장이 더 도움이 될 것입니다.

참고 문헌

栗田広〈幼児自閉症における"折れ線現象"の特異性−1. 現象の記述と先行因子および早期発達について〉《精神医学》25巻9号(1983年9月) pp.953-961

Michael Davidovitch, Lilach Glick, Gabriela Holtzman, Emanuel Tirosh & Marilyn P. Safir "Developmental Regression in Autism: Maternal Perception" *Journal of Autism and Developmental Disorders* 30, pp.113-119 (2000).

Eric J. Mash, Russell A. Barkley, *Child Psychopathology*, The Guilford Press (2003)

참고 문헌

ジュネヴィエーヴ・エドモンズ, ルーク・ベアドン 編著(鈴木正子, 室崎育美 訳)(2011)《アスペルガー流人間関係－14人それぞれの経験と工夫》東京書籍(Genevieve Edmonds and Luke Beardon, 2008, *Asperger Syndrome and Social Relationships*, Jessica Kingsley Pub.)

ウタ・フリス(冨田真紀, 清水康夫, 鈴木玲子 訳)(2009)《新訂 自閉症の謎を解き明かす》東京書籍(Uta Frith, 2003, *Autism: Explaining the Enigma*, Blackwell Publishing)

フランシス・ハッペ(石坂好樹, 田中浩一郎, 神尾陽子, 幸田有史 訳)(1997)《自閉症の心の世界－認知心理学からのアプローチ》星和書店(Francesca Happé, 1994, *Autism: An Introduction to Psychological Theory*, Taylor & Francis Ltd.)

本田秀夫(2008)〈自閉症の疫学研究〉日本発達障害福祉連盟 編《発達障害白書2009年版》日本文化科学社, pp.43-44

本田秀夫, 清水康夫, 岩佐光章(2008)〈アスペルガー症候群の早期経過－障害概念とカテゴリー診断の再検討－〉《精神科治療学》23(2) 星和書店, pp.145-154

本田秀夫 編集(2011)〈子どものこころの病を診る〉《こころのりんしょうà la carte》30 星和書店, P. 2

本田秀夫(2012)〈自閉症スペクトラムが精神病理学および治療学に及ぼす影響〉《臨床精神病理》33 星和書店, pp.66-72

本田秀夫(2012)〈子どものメンタルヘルス〉《精神科臨床サービス》12(2) 星和書店, pp.247-249

本田秀夫(2012)〈併存障害を防ぎ得た自閉症スペクトラム成人例の臨床的特徴〉《精神科治療学》27(5) 星和書店, pp.565-570

本田秀夫(2012)〈発達障害の乳幼児期における親支援－気づきから診

断の告知まで−〉《家族療法研究》29(2) 金剛出版, pp.109-114

市川宏伸責任 編集(2010)《専門医のための精神科臨床リュミエール19：広範性発達障害−自閉症へのアプローチ》中山書店

神尾陽子 編集(2012)《成人期の自閉症スペクトラム診療実践マニュアル》医学書院

齊藤万比古総 編集(2009)《子どもの心の診療シリーズ–1. 子供の心の診療入門》中山書店

佐々木正美 監修, 木村常雄 著(2012)《発達障害のある子があなたにわかってほしいホントの気持ち》すばる舎

清水康夫, 本田秀夫 編著(2012)《幼児期の理解と支援−早期発見と早期からの支援のために−》金子書房

杉山登志郎(2011)《発達障害のいま》講談社 現代新書

ローナ·ウィング(久保紘章, 佐々木正美, 清水康夫 監訳)(1998)《自閉症スペクトル–親と専門家のためのガイドブック》東京書籍(Lorna Wing, 1996, *The Autistic Spectrum: a Guide for Parents and Professionals*)

자폐 스펙트럼 - 장애와 비장애 사이,
어떻게 인식하고 어떻게 지원할까

초판 1쇄 발행 | 2022년 03월 30일
초판 2쇄 발행 | 2023년 7월 10일

지은이 | 혼다 히데오
펴낸이 | 노미영

펴낸곳 | 마고북스
등록 | 2002. 02. 01
주소 | 경기도 파주시 탄현면 새오리로 339번길 79-27
전화 | 02-523-3123   팩스 02-6455-5424
이메일 | magobooks@naver.com

ISBN 979-11-87282-05-1 03370